GIGAスクール時代に対応！

オンライン学習・授業のための基礎知識とアプリ操作ガイド

［著・監修］赤堀侃司

Jam House

はじめに

　「GIGA スクール時代に対応！ オンライン学習・授業のための基礎知識とアプリ操作ガイド」は、「オンライン学習・授業のデザインと実践」（2020年）の姉妹編です。前書はオンライン学習・授業全体の考え方と実践ですが、本書はそのツールの解説と実際の操作です。オンライン学習・授業は、これから必要な学習・授業形態であることは理解できるが、実際にやろうとすると、操作が難しくて、いろいろな問題が起きて、覚えなければならないことも多くて、学校現場では操作法の研修が少なくて、という声をよく聞きました。

　確かにその通りで、GIGA スクール構想が提言されて、急ピッチで1人1台のパソコンが整備されていますが、現場からは不安の声も聞こえてきます。教員だけでなく、管理職も、教育委員会も、同じような不安を抱えています。これになんとか応えないと、せっかく高い税金を使って機材を整備しても、宝の持ち腐れになってしまいます。もちろん、優れた実践をしている学校もありますが、一般の多くの学校では、なかなか真似できないことが、現状だと思います。

　質の高い授業を、個に応じた授業を、探求型の授業を、という理念はその通りで誰も異存はないのですが、前提となるパソコンが使えなければ、手も足も出ません。コロナパンデミックだけでなく、大地震や大水害など、これから起こり得る脅威に対して、オンライン学習・授業は、対面と並列して、ハイブリッドかつ選択型で、実施される可能性が高いのです。そのためには、ツール、道具の使い方は、避けて通れません。

　そこで、本書は前書の姉妹編として、どうしたら、Zoom、Meet、Teams などのツールを使えるようになるのかを、基礎的な考え方と実際の操作手順で解説しました。操作するには、背景の基本的な考え方を理解しないと、つまずくことが多くなります。これは、学校での学習と同じです。その意味で、基礎編と操作編で構成しました。基礎編は赤堀侃司が、操作編は池田利夫が執筆しました。

　最後に、本書の内容について、（一社）ICT CONNECT 21の中村義和さんにコメントをもらいました。さらに（株）ジャムハウスの編集部の皆さんに、イラストなどお世話になりました。厚くお礼申し上げます。

　本書をご活用下さることを、期待しています。

2021年2月吉日

赤堀侃司

2

操作編

操作編

基礎編

第1章

オンライン学習・授業の ための基礎知識

［執筆：赤堀侃司］

オンラインとは

1. オンエアとオンライン

　家庭では、どのようにテレビを視聴しているのか、考えてみましょう。高い電波塔から発信される電波をアンテナで受信し、テレビ画面で見るという仕組みですが、もう少し具体的に考えてみます。

　例えば、放送スタジオから番組をカメラで写して、それを電波に乗せて送るときは、赤緑青の3つの色に分解して送ります。この3つの色の組み合わせで、全ての色が表現できるからです。これを「光の三原色」と呼び、この3つの色を合わせると白色になります。印刷の場合は、赤黄青の3つの色を混ぜると黒色になり、これを「色の三原色」と呼んでいます。パソコンのプリンターなどのインクは、5色以上のこともあり、3色だけではないので、本書では、光の三原色に注目してください。テレビ画面でもパソコン画面でも、小さな点の集まりで映像や写真、文字などを表示していますが、その点を拡大して見ると、赤緑青の3色（光の三原色）でできていることが分かります。テレビやパソコン画面では、光の三原色の組み合わせで全ての色を表現できるので、この3つの色を電気信号に置き換えて送っているのです。ただし、その電気信号とは何かが問題です。地上デジタルという用語を知っていると思いますが、デジタルについて少し説明します。

　一般に電波とは波ですから、池の小波や海の大波を思い出すと、波とは山と谷が繰り返されている形だと分かります。そのような波はアナログと呼ばれ、これを山と谷だけの箱のような形にすると、箱型の波がイメージできます。そして、高い山を1、低い谷を0と置き換えれば、{1,0} の組み合わせで表現できることになります。実際には、電圧の高い、低い、になります。アナログよりもデジタルの方が、電波障害などで優れた特性を持っているので、地上デジタルのように、デジタル信号で家庭に送っているのです。

　例えば、テレビの動画の送り方は、1秒間に30枚の絵を送っています。少しずつ絵が違うので、ちょうどコマ送りのようにすれば、動画として見えることになります。YouTube（ユーチューブ）のようなインターネットを使って、映像を家庭のパソコンに送るのも、テレビ画面に送るのも、同じ仕組みなのです。ただ異なるのは、デジタル信号を空中に送って届けるのか、ケーブルの中を通って届けるのかの違いです。例えば、パソコンでアメリカのサイトにアクセスした場合、あるいはアメリカからメールが届いた場合、太平洋にある

海底ケーブルという太い線を通って、ア
メリカと日本の間を電気信号が伝ってい
るのです。

　テレビは空中に送るので「オンエア」
と呼ばれ、インターネットはケーブルの
中を通るので、「オンライン」と呼ばれま
す。電気信号が線の中を通っていくとい
う仕組みなのです。赤緑青の3つの信
号が送られることは同じです。ただしパ
ソコンの場合、テキストや白黒の絵など
では、白か黒かの情報だけを送ること
になります。テレビとインターネットの模式図を、図1に示します。

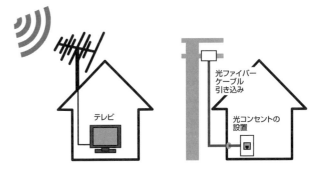

[図1]テレビ電波とインターネットのケーブル

2. 情報の量

　文字などのテキスト、写真、動画、音声などをまとめて、ここでは情報と
呼ぶことにして、この情報の量を考えてみます。先に述べたように、情報は
デジタル信号で送ります。例えば、昔の武士は、高い山に煙を上げて敵の
襲来を伝えたといわれます。煙を上げることで情報を伝えているのです。さ
らに、煙の代わりに灯の点滅であれば、より多くの情報を伝えることができ
ます。煙の場合は、煙が上がったか上がらなかったかのどちらかですが、灯
の点滅なら、灯りが点く、消える、の組み合わせが考えられます。これによ
り、例えば、敵が来た方向などの情報も伝えることができるのです。約束
を作って仲間で共有すれば可能になります。さらに、これを発展させれば、
モールス信号のように、トン、ツーの組み合わせで文章を送ることができま
す。従って、その基本は、煙を上げるか上げないか、灯りを点けるか点けな
いか、打点するかしないか、つまり{1,0}の組み合わせで情報を表すことがで
きます。その組み合わせに過ぎないのです。

　ただし、その組み合わせが何を表わしているのかは、利用者の間で共有
されていなければなりせん。これは約束事です。そこで、なるべく多くの人
が共有できるように、標準化という考え方があります。例えば、文字コード
にはいろいろなコード体系がありますが、日本語ならJISで決めたシフトJIS
コードなどが標準になっているのです。パソコンで受信するのは{1,0}だけ、
デジタル信号だけなので、それが何かを知るには、コードによって変換する
しかありません。文字コードが違えば、文字化けが起きることになります。

　ところで、情報の量を示すには単位が必要です。これからも使うので、本
章でビットとバイトの用語を理解しておきましょう。先に示したように、情報
の基本は{1,0}です。有るか無いか、灯りが点くか点かないか、電圧が高い
か低いかなので、この基本単位を1ビットといいます。シャノンという情報理

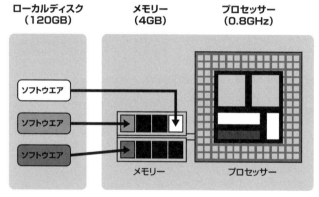

ローカルディスク　　メモリー　　　プロセッサー
（120GB）　　　（4GB）　　　（0.8GHz）

ソフトウエア

ソフトウエア

ソフトウエア

メモリー　　　　　　プロセッサー

[図2]パソコンの容量

[注1]
画素数：画像や画面を構成する画素の数。

[注2]
GIGAスクール構想：全ての子供たちに1人1台端末と高速大容量の通信ネットワークを一体的に整備すること。

論を作った人が名付けましたが、いわば情報の言葉ともいえます。言葉ができると、会話することができます。「テキストファイルは軽いが、画像ファイルは重いね」などの会話は、この情報量のことを示しています。ビット数が多いか少ないかを、重いか軽いかで話しているのです。東西南北なら、「00,01,10,11」の4種類で区別できるので、この場合は2ビットで表せることになります。8ビットでは256種類を区別できるので、アルファベット、数字、特殊文字なども表せます。この8ビットは1文字を表すという意味で、1バイト（B）と呼びます。2バイトは256×256で6万5千以上あるので、日本語の漢字は2バイト（16ビット）で表します。

　写真などは点の集まりなので、パソコン画面の640×480の画素数には、膨大な点の数が含まれていることがすぐに分かります[注1]。白黒写真ならその点の数だけでいいのですが、フルカラーになると1つの点、つまり1画素に24ビットが必要になります。1画素に、光の三原色の赤緑青（RGBとも言う）のそれぞれに1バイト、つまり8ビット（256段階）で表し、8の3倍の24ビット（1677万色）で多くの色を表現しているからです。そこで、単位がビットだけでは不便なので、1000倍をK（キロ）、1000Kつまり100万倍を1M（メガ）の単位で、さらに1000Mを1G（ギガ）と表します。アルファベットなどの文字数は、1KBでは1000文字、1MBでは100万文字を表すことになります。正しくは1000倍ではなく1024倍、つまり2の10乗の10ビットです。ここでは簡単に1000倍としています。

　さらに、アニメーションや動画などでは、例えば1秒間に画像を30枚動かしているので（コマ送りの原理）、YouTube などで動画を見ると、膨大な情報量が送られていることが分かります。計算は止めますが、1分間見るだけでもKビットの単位では無理で、Mビット単位で表示することになります。現在では、GIGA スクール構想などのように、GIGAの時代に入ったといわれます[注2]。

　図2をご覧ください。詳細は述べませんが、パソコンの容量に注目してください。少し古いのですが、ローカルディスクに120GB、メモリーに4GBの容量があります。ディスクやメモリーは、情報を蓄えたり処理したりするための場所の容量ですが、いずれもGBの単位であることに注目してください。併せて、プロセッサー（CPU）が0.8GHzと記されています。プロセッサーとは処理するデバイスのことで、人間の脳に相当する場所です。その処理ス

ピードが、1秒間に0.8G回、8億回です。どれも単位はGなので、GIGAの時代の意味が理解できると思います。

3. 上りと下り

　デジタル信号を送るインターネットのケーブルの種類は、主に2つあります。1つは光回線とか光ケーブルと呼ばれる線で、もう1つはADSL（エーディーエスエル）回線とかADSLケーブルと呼ばれる線です。光ケーブルは

[図3] インターネット速度の測定

光ファイバーとも呼ばれ、クリスマスツリーに見られる細いガラス繊維でできた空洞で、その中を光が伝わっていく仕組みです。その光ファイバーを束ねたものが光ファイバーケーブルです。

　ADSLケーブルは電話回線で、その線の中をデジタル信号が伝わっていきます。光回線の方が、ADSLより20倍以上も早く情報が伝わります。当然ながら、1秒間になるべく多くの情報量を送る、それをインターネット速度と呼びますが、その速度は速い方が良いわけです。どのくらいの速さかは、測定することができます。

　図3に自宅のパソコンの測定例を示します。24Mbpsと表示されています。この数字を簡単に説明しておきます。bpsのbはビットです。M（メガ）はK（キロ）の1000倍ですから100万ビットなので、1秒間に100万ビットを送れるという速度になります。

　およそ各家庭では10Mbpsから30Mbpsまであれば、十分快適にインターネットを活用することができます。ここで上りと下りの用語を理解しておきましょう。上りの速度とは、自分のパソコンから他のサイト等にアップロードするときの速さのことです。例えば、メールの送信、SNSやブログへの投稿、写真などのアップロード、YouTube への投稿などの速度のことです。下りの速度とは、メールの受信、WebサイトやSNSへのアクセス、動画の視聴などの速度のことです。あるいは、ファイルをダウンロードするときの速度のことです。

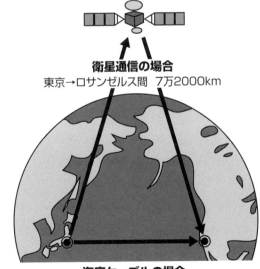

衛星通信の場合
東京→ロサンゼルス間　7万2000km

海底ケーブルの場合
東京→ロサンゼルス間　9000km

[図4] 日本とアメリカまでの通信速度の違い

日常的には下り速度が重要になります。いずれにしても、そのインターネット速度によって、快適さが違ってくることになります。なかなかダウンロードできないと、イライラするからです。

　例えば、かつてアメリカやヨーロッパからの海外の生放送では、人工衛星を経由して電波で飛ばしていました。テレビで見ていると、時間差を感じますが、それは図4に示すように、東京とロサンゼルス間の72,000kmもある距離が原因です。しかし海底ケーブルでは9,000kmしかありません。

　空中を飛ぶ電波も、海底ケーブルの線の中を伝わる電気信号も同じ電波なので、光の速度である秒速300,000kmで伝わります。

　人工衛星を使う場合は、72÷300なので0.24秒かかり、海底ケーブルの場合は、9÷300なので0.03秒しかかかりません。従って、人工衛星を利用して海外と中継するテレビ番組を見ると、時間差があったのです。しかし、最近では海底ケーブルを使っているので、ほとんど時間差を感じることがなくなりました。

　海外と中継する生放送番組を見るチャンスがあったら、昔の海外からの生放送と比較してみてください。かつての時間差が、最近ではほとんど感じられないと思います。

OSとアプリの違い

1. OSとは何か

　始めに、OSについて理解しておきましょう。OSとは英語では「オペレーティングシステム」、日本語では「基本ソフト」といいます。名前の通り、パソコンやスマートフォン（以下スマホ）などを活用するときの基本的なソフトウエアのことです。具体的には、パソコンにはWindows、Mac、Chrome OSなどのOS、スマホにはアンドロイド（Android）やiOSなどのOSがあります。よく知られている通り、Windowsはマイクロソフト社、MacやiOSはアップル社、クローム（Chrome）OSやアンドロイド（Android）はグーグル社、という巨大なIT企業がOSを開発しています。

　何故かといえば、OSのソフトウエア開発には膨大な労力がかかるのは当然ですが、もしバグ、つまりプログラム上の誤りがあると、そのOSの下で実行されるアプリ（アプリケーションソフト）にも大きな影響を与えるからです。つまり、OSは土台となっているソフトであり、その土台の上でさまざまなアプリが開発され、実行できる仕組みになっているのです。

　パソコンを立ち上げる（電源を入れる）と、最初に起動されるのがこのOSです。実際には、OSの起動の前に処理されるプログラムもあるのですが、ここでは省略します。例えば、Wordを使う場合、OSが起動された後でWordアプリのアイコン（icon）をクリックします。つまり、OSの元でアプリが起動されるという仕組みになっています。

　従って、イメージ的にはOSではなく、利用者はアプリとやりとりをして処理しています。その処理における情報がOSに送られて、さらにOSからハードウエアに送られるという階層的な構造になっています。文章作成アプリは、当然ながらWordだけではなく、多くの企業が開発しています。表計算のようなアプリも同じで、多様な企業が開発しています。そこで、それぞれの企業が、それぞれ独自に開発すると非常に効率が悪くなります。利用者も不便です。

　さらに、どのアプリにも共通に処理しなければならない業務があります。例えば、文章作成でも表計算でも、ファイルに保存する、あるいはファイルから呼び出すことは共通ですし、プリンターに印刷することも共通です。そして、インターネットにアクセスして情報を収集することも、どのアプリでも共通的に見られる業務です。

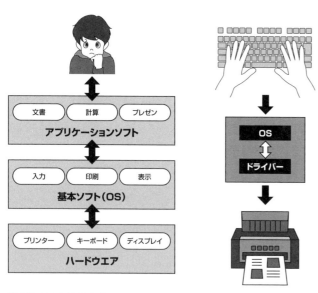

このような業務や処理をアプリごとに開発することは、大変効率が悪いのです。そこで、これらをまとめて基本ソフトとして開発すれば、そのOSの元で実行できるアプリは同じ処理方法で使えるので、使い勝手が良いということになります。従って、始めに基本ソフトができて、その基本ソフトに応じてアプリが開発されることになります。例えば、文章作成ソフトのWordを起動して文章を入力し、印刷する場合を考えてみましょう。印刷ボタンを押せば、印刷指示がOSに送られ、OSがプリンターに文章を送ることになります。つまり、人間が入力し、それをアプリが受け取り、その情報をOSに送り、OSがハードウエアに送る、という順序になります。

ただし、細かくいえばOSが直接プリンターに情報を送っているわけではなく、ドライバーというソフトが必要になります。ドライバーは文字通り運転手、ドライバーの役割をするので、OSから情報を受け取り、その情報をプリンターまで運ぶソフトといってもいいでしょう。従って、プリンターを買うと、そのプリンターに付属するドライバーも必要になります。そこで、ドライバーをインターネットからダウンロードするか、付属のDVDからインストールするなどの方法で、自分のパソコンにドライバーを保存しなければなりません（図5参照）。

2. アプリとは何か

次にアプリについて説明します。アプリケーションソフト、略してアプリ、日本語では応用ソフト、つまり業務に応じたソフトという意味です。ここでは、オンライン授業のための授業に応用したアプリについて考えます。

図6を見てください。教室には教員がいて、黒板があって、子供たちがいて、教科書やノートがあって、子供たちは板書した内容をノートに書いて、グループで話し合ったり、スクリーンに投影した資料を説明したり、教室の後ろの壁には子供たちの作品が貼ってあったり、子供たちがインターネットにアクセスして調べたりなど、多様な道具や活動が見られます。これが対面の授業スタイルです。この授業スタイル、つまり授業の仕組みを、コンピューター上で実現・実装することで、オンライン授業が可能になります。その手段として、システムやアプリ、プログラムを利用します。これにより、対面か

[図6]授業の分析によるシステムの実装

ら離れた場所でも、同じように授業ができることになります。

　ただし、対面でしかできないこと、コンピューター上だからできることがあり、それをいかに実現するかによって、オンライン授業のアプリの使いやすさに関わってきます。基本的には、このような仕組みなので、現実的にはどちらが良いとは断定できず、併用すること、ブレンドすること、ハイブリッドで活用することが大切になってきます。

　そこで、オンライン授業を行うためのアプリとしてZoom（ズーム）社のZoom、グーグル社の Meet（ミート）、マイクロソフト社の Teams（チームズ）、シスコ社の Webex（ウェブエックス）などが挙げられます。どのアプリがどのような場面で使いやすいかは、どのように授業を分析して、どのように実装したか、実現したか、つまり設計に依存するのです。設計の仕方によって、大きく使い方が異なります。例えば、マイクロソフト社の Office は、文字通り事務所をイメージして、これをコンピューター上に表現したものであることは誰でも理解できます。事務所には報告書の作成、売り上げや予算や決算などの計算、電話による顧客の対応などの業務があります。そして、現実の業務を分析して、文書作成、表計算、メールなどのアプリが開発され、世の中に広がっていきました。アプリは文書の修正が簡単、消しゴムが不要、保存や取り出しができる、計算のミスがない、いつでも相手に連絡ができて返事ができるといった便利さによって、アプリが世界中に受け入れられたのです。同じことが、オンライン授業アプリにもいえます。遠くにいても対話ができるTV会議システムの延長と考えてもいいのですが、その場所に行かなくても用事が済ませるというのは画期的なので、TV会議もオンラ

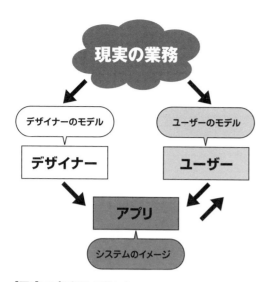

[図7]アプリ操作の難しさ
Norman & Draper（1986）の赤堀による改変

イン授業も今後定着していくでしょう。

3. アプリを使いこなすには

　図7に、アプリの操作の難しさについて図示します。先に述べたように、アプリの開発者はアプリを設計して、プログラムを書き、現実の業務をコンピューター上に実装するので、ソフトウエアの専門家といえます。しかし、一般ユーザーは専門家ではありません。そこにギャップが生じるのです。例えば、メニューの中の「ファイル」の項目には、「印刷」というサブメニューがあります。これは、専門家にとっては違和感がないのですが、一般ユーザーはどこか不自然さを感じます。それは、一般ユーザーにとっての印刷は、紙に印刷するというのが常識ですが、ソフトウエア上の印刷の概念は紙だけではないからです。この考え方の違いが戸惑いを生じ、アプリの操作は難しい、コンピューターは難しい、という結果になるのです。図7に示すように、それはデザイナーの持っている考え方（デザイナーモデル）と、ユーザーの持っている日常生活での見方や考え方（ユーザーモデル）のギャップと考えられます。

　では、このギャップをどう埋めればよいのでしょうか。この問いは、学習そのものの問いと同じです。学ぶしかありません。つまり、アプリを使っていく中で、そうか、そのような意味だったのか、に気付くようになります。ただし、学校の授業と同じように、基本的なことはある程度勉強した方が上達しやすいのです。本書の基礎編と操作編は、このような意図で構成されています。

オンライン授業のアプリ

1. Zoomアプリの活用

　ここでは、学校で利用されている代表的な3つのアプリを紹介します。アプリの詳しい操作については、操作編を参照してください。

　図8はZoom社の Zoomの画面例です。上段が画面です。1人しか入っていないので、筆者の似顔絵が表示されています。下の2段は、Zoom画面の下にあるメニューを拡大して2つに分割したものです。左から説明していきます（4章の111ページも参照）。

[図8] Zoom の画面の例

　「ミュート」は音声を消すかどうかです。数多くの生徒がいる場合、生徒が勝手に話しだすと、聞いている人が何も聞き取れないので、始めはミュートにします。

　「ビデオの停止」はカメラを停止するかどうかです。停止にすると、図8のように名前か似顔絵の表示になります。ビデオはプライバシーに関わる私的な部屋が映る場合もあるので、停止かどうかの選択ができます。

　「セキュリティ」は安全の意味ですが、主にホストの権限が示されています。例えば、待機室の有効化などがあります。ある時刻に授業や会議を始める場合、その時刻まで授業ならば教室、会議ならば会議室に入れるのか、もしくは待機室で待ってもらい、時刻になったら入室を許可するのかどうかを設定します。病院でいえば待合室です。

　「参加者」をクリックすると、別ウィンドウで参加している人の名前一覧が表示されます。参加者は教室に入って来た生徒となり、生徒（利用者）には必ず名前が必要です。

　「投票」は、文字通り参加者に投票をしてもらうことができる機能です。この機能はスケジュール済みのミーティングだけなので、初めに予定して選択式の質問を作っておくと利用しやすくなります[注3]。ただし、参加者の

[注3]
「投票」は、有料の「プロ」プランに申し込むと利用できる機能。Zoom ウェブポータルにサインインし、「アカウント設定」の「ミーティング」タブで「投票」オプションをオンにし、スケジュール済みミーティングを実施すると、機能が有効になる。

15

ちょっとした反応であれば、「反応」の「いいね」アイコンなどを利用することもできます。

「チャット」は質問などの際に、ここに書きこみます。教員は「チャット」に数字が表示されるので、質問が来たことが分かり、答えることができます。

「画面の共有」は最もよく使う機能で、資料を提示することができます。生徒が誰でも資料を提示できるようにすると混乱する場合もあるので、画面共有できる人をホストだけにするのか、全員にするのかを選択できるようになっています。

「レコーディング」は録画のことです。クリックすると、録画するかどうかを聞いてきますので、目的に応じて使い分けるとよいでしょう。ただし、プライバシーや著作権・肖像権などに十分配慮する必要があります。

「ブレイクアウトルーム」は、授業でよく実施されるグループ活動に相当する機能です。グループに分けて、そのグループ内で対話することができます。

「反応」には「いいね」アイコンなどがあり、すぐに分かると思います。

なお、最近のパソコンにはカメラもマイクも内蔵されていることが多いのですが、無ければ購入してください。経験的には、安価であっても通常のオンラインでは十分機能するように思います。ただし、同じ部屋で複数のパソコンでオンラインを利用する場合に、問題が起こることもあります。それはハウリングです［注4］。これは、パソコンが複数台あるので、スピーカーから聞こえてくる音声が、別のパソコンに入力されてハウリングを起こすのです。これを回避するには、イヤホンを利用します。自分のパソコンから出力される音声は自分の耳だけにして、他のパソコンが音を拾わないように配慮します。同じように、自分が話す場合だけパソコンのミュートを解除して、話さない場合はミュートにすることが一般的なルールになっています。このようにすると、自分の音声が他のパソコンに拾われることはなく、ハウリングも起こりません。また、オンラインでは音声が極めて重要なので、音声の大きさは事前に確認しておいた方がよいでしょう。「ミュート」の横の「^」をクリックすると、設定で音声の大きさを調整することができます。「ビデオの開始」も同じです。

このように考えると、現実の授業を分析して、さらに必要な機能や現実にはできない機能なども追加して、アプリを設計していることが分かると思います。これは、設計者、デザイナーの考え方、デザイナーモデルに依存するわけです。学習は学ぶこと、真似ることといわれるように、実際に使ってみると簡単に覚えられるので、チャンスがあれば迷わず使ってみましょう。世界が広がってきます。

［注4］
ハウリング：スピーカーから出た音をマイクが拾い、その音をまたスピーカーが再生するということを繰り返し、「キーン」とか「ボーン」といった大きな騒音が連続して発生すること。

[図9]左図はマイクロソフト社のTeams、右図はグーグル社のMeet

2. Meet と Teams のアプリの活用

　グーグル社のオンライン授業用としては、Meet のサービスが使われます。あえてここではサービスと書きます。また、マイクロソフト社の Teams もよく使われるアプリです。図9はその画面例です。

　詳細は省略しますが、例えば右図には筆者の顔写真が映っています。これはビデオをオンにしたからです。「1. Zoomアプリの活用」で述べたように、オフにすれば名前か登録した似顔絵や写真などが表示されます。オンとオフは利用者が選択できる設定になっています。筆者のビデオの背景はぼやけていますが、これも設定できるようになっています。全て、設定やメニュー画面から指定することができます。

　Zoomの機能とほぼ共通しています。基本は同じで、音声、ビデオ、画面共有、入室するか退出するかなどです。Zoomで説明したように、教室で授業を受けるかどうか、時間割に従って授業をするならば、スケジュールを設定する必要があります。そして、教室には黒板があり、教師や子供たちの対話、質疑応答があるので、音声とビデオ、画面共有が必須になります。

3. ビデオオンデマンドの活用

　オンライン授業は、同時双方向の授業を想定していますが、ビデオオンデマンドの授業もあります。同時双方向のオンライン授業は、文字通りリアルタイムに教室と自宅を結んだ遠隔システムですから、対面の授業と変わらないことになります。それに対して、ビデオオンデマンドのオンライン授業は、デマンド、つまり要求することです。具体的にはURLをクリックすると、ビデオを視聴することができるシステムです。授業のある時間ではなく、受講生である子供の好きな時間に視聴できるので、録画ビデオを見るのと同じです。

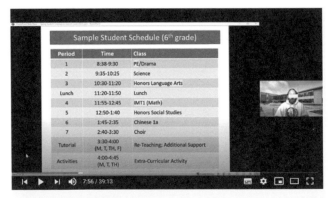

Odle Student Information Session - Incoming 6th Graders - June 15, 2020
https://www.youtube.com/watch?v=EFtzX6QZ6SA&list=PLFjdUUJJB65U
Wa1olj8JeNDTENty0f5aq&index=9

[図10] YouTubeを活用した、休校中の保護者向けの連絡（アメリカ）

YouTube などがその代表例です。教師が授業を実施して、その動画ファイルを YouTube にアップロードし、子供がアクセスして、映像を見る形式になります。

例えば、図10を見てください。アメリカのある学校で、校長先生がコロナ禍における休校措置について説明しています。YouTube を活用し、小学校6年生の授業時間を表示しながら、普段通りの授業を実施すると説明しています。確かに、このような映像で説明されれば、保護者も安心するし、子供たちも時間割に従って授業を受けることができます。

同時双方向とビデオオンデマンドの両方の組み合わせによって、授業が実施されていますが、注意したいことは、子供の学びを止めていない、ということです。

この図では YouTube を利用していますが、映像を再生する方法は2種類あります。1つは映像ファイルをダウンロードする方式で、もう1つはストリーミングと呼ばれる方式です。図11は、この2種類の方式の模式図です。一般的には、ストリーミング方式の再生がほとんどです。その理由は明らかです。ダウンロードでは、自分

ダウンロード再生　　　**ストリーミング再生**

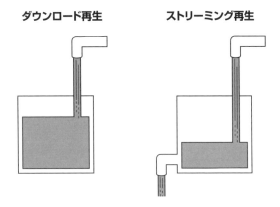

[図11] ビデオオンデマンドの動画再生

のパソコンに映像の膨大な情報量を保存するので、すぐにパソコンの容量が不足します。それだけではなく、他人の作成した映像には著作権や肖像権が発生します。ストリーミングであれば、自分のパソコンに映像を保存する必要もなく、視聴したら終わりなので、ダウンロードのような心配がないからです。

インターネットへの接続

1. ルーターとは

　2020年3月、日本の学校は休校措置になり、子供たちは家庭での学習を余儀なくされました。一部の地域を除き、教育委員会も学校もオンライン授業には慣れていないので、学習進度の遅れを心配して、教材や問題集などを郵送しました。しかし、子供たちにはこれが逆に負担になったと言われます。教材資料が机の上に山積みになったからです。オンライン授業を実施するには、学校はもちろんですが、各家庭がインターネットにつながっていなければなりません。調査によると、ほとんどの家庭はインターネットにつながっていますが、つながっていない家庭もあります。教育は平等性を担保しなければならないので、つながっていない家庭には、学校がパソコン（PC）とルーターを貸し出すという方針で対応していました。

　ルーターとは、インターネットにつなげる装置（デバイス）のことです。この場合は、モバイルルーターです。モバイルであれば持ち運びが簡単なので、どこでもすぐに使えます。また、学校にあるPCを貸し出すこともありましたが、IP（アイピー）アドレスの関係で難しい面もありました（詳細は「3. IPアドレスとは」で述べます）。いずれにしても、家庭にルーターがないと、どうにもならないのです。図12にルーターの役割を示しますので、ルーターの基本について理解しましょう。

　この図は、筆者の自宅の例を取り上げています。家の外からインターネットの回線が入ってきます。「第1節 オンラインとは」で説明しましたが、回線には光ファイバーケーブルとADSLケーブルがあります。そのケーブルにパソコンをつなぐと、インターネットにつながり、外の世界と交信することができます。筆者の自宅は光ファイバーケーブルなので、終端装置がONU（オーエヌユー）になります［注5］。ONUのOは光の意味で、光信号をデジタルの電気信号に変換します。

[図12]ルーターの役割

[注5]
ONU：Optical Network Unit（オプティカル・ネットワーク・ユニット）の略。光通信ネットワークの終端に設置される。

これに対して、ADSL回線の場合は、電話回線を利用します。電話は音声なのでアナログですが、パソコンにつなげるためにはデジタルに変換する必要があります。この変換する装置をモデムと呼びます。モデムの最初の"m"は変調すること、つまりアナログからデジタルへ、あるいはその逆へ変換する装置になります［注6］。

［注6］
モデム（modem）：
modulator（モジュレーター、変調器）とdemodulator（ディテクター、復調器）の合成語。

しかし、このままでは複数のパソコンにつながりません。ルーターが必要なのです。例えば、学校にある何台もの電話機は内線でつながれているので、学校内は自由に使えます。しかし、学校外の教育委員会などに電話をかけたい場合、内線番号でかけてもつながらないことは明らかです。かつては、電話交換機を人間が操作していたので、その人に依頼してつなげてもらいました。海外に電話をする場合はさらに複雑になります。国内からアメリカなどにつなげる必要があるので、電話交換手は海外につなげるために特定の電話交換機に送る、という役目を果たすことになります。

つまり、電話交換手は、受けた電話の送り先を決めてつなげる、という役目なのです。ルーターはその役目を担っているのです。ルートとは経路のことですから、アメリカにつないでほしいという要請なら、どこの電話交換機につなげばいいのか、その経路を調べて、そこにつなげるのです。このため、経路を調べて送るという意味でルーターと呼ばれます。家庭のルーターを電話に例えると、内線番号から外線番号へ、またはその逆を行っていると考えてもいいでしょう。

図12に示したONUは、同時にルーターの役目も持っているので、特に別のルーターがなくてもいいのですが、自宅ではWi-Fi（ワイファイ）ルーターに接続しています［注7］。Wi-Fiは無線の規格の1つですから、無線のデジタル信号で送受信しています。

［注7］
Wi-Fi：パソコンやタブレットなどのネットワーク機器を無線でLANに接続するための規格。

2. 家庭内LANとは

図13は自宅の書斎の写真です。インターネットにつながれているPCやプリンターなどの装置があります。1階のWi-Fiルーターから電波を受けて、2階にあるPCなどに接続するのですが、電波が弱くなるので、Wi-Fi中継器を置いて増幅しています。いずれもWi-Fiルーターと電波をやりとりすることで動いています。

この写真にあるPCやiPad、プリンターなどは、先に説明した学校内にある電話機のように、お互いにつながれていると考えていいでしょう。これを、LAN（ラン）といいます。

LANはLocal Area Network（ローカル・エリア・ネットワーク）の略なので、意味は分かると思います。家庭内LAN、病院内LAN、学校内LANなどのように、特定の建物の中におけるネットワークです。ネットワークにすることの長所は何でしょうか。この写真では、3台のPCやタブレットがありま

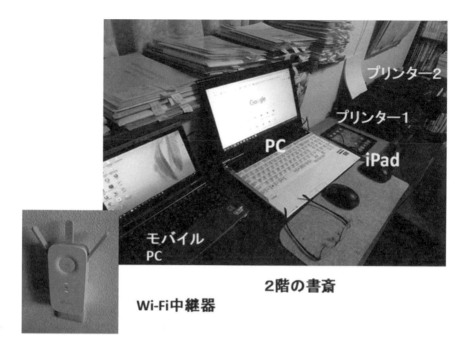

プリンター2
プリンター1
PC
iPad
モバイル
PC
2階の書斎
Wi-Fi中継器

[図13] 家庭内LANの仕組み

すが、印刷をしたいときは全て同じプリンターでできます。プリンターは白黒とカラーで2台に分けていますが、通常は1台です。また、ファイルも共有できます。学校内LANも同じで、どの端末からでもプリンターの共有やファイルの共有、インターネットの接続などができるのは、このLANの仕組みがあるからです。Wi-Fiなので、電波が届く場所であれば、1階でも2階でもどこでも利用できます。

3. IPアドレスとは

　さらに話を進めます。LANを利用するには、IPアドレスを理解する必要があります。先の内線電話と外線電話の説明から、考え方はすぐに分かると思います。内線番号は、建物の中だけでつながる電話番号ですが、外に電話をかけるには、外線番号でかけなければなりません。この外がインターネットになります。そこで、内線番号に相当するLAN上の番号を、プライベートIPアドレス、外線番号に相当するインターネット上の番号を、グローバルIPアドレスといいます。ここでは番号と書きましたが、これがアドレス、つまり住所と呼んでいます。図14にIPアドレスの模式図を示します。

　図14では、2つのLANを想定しています。上のLANはWi-Fiルーターでインターネットに接続していますが、このルーターは2つのアドレスを持っています。インターネット側は221.242.X.Xで、LAN側は192.168.1.Xです。外線番号と内線番号の2つと考えればいいでしょう。外に出るときは、この

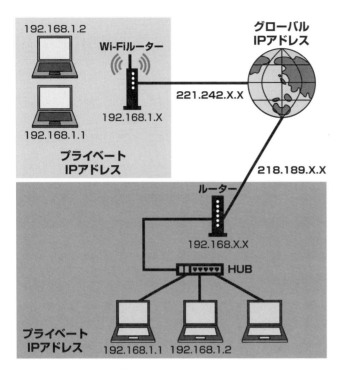

192.168.1.2
Wi-Fiルーター
192.168.1.X
192.168.1.1
プライベート
IPアドレス

グローバル
IPアドレス

221.242.X.X

218.189.X.X

ルーター
192.168.X.X

HUB

プライベート
IPアドレス
192.168.1.1 192.168.1.2

[図14] IPアドレスの機能

グローバルIPアドレスを使います。例えば、PCからメールを送る場合、192.168.1.1のPCからでも、外に出るときは221.242.X.Xのアドレスを使って送ります。

そこで、上のLANと下のLANを比べてみてください。LAN上のPCで192.168.1.1のように、同じ番号が割り振られています。混乱しないのでしょうか。これは、電話の内線番号を考えれば、すぐに分かると思います。違う建物であればまったく問題はなく、内線番号も勝手に決めて構わないなど、電話と考え方は同じです。当然のことながら、外線番号が同じ（実際にはありませんが）だと、1つの番号で複数の組織に電話がつながって大混乱になります。そこで、インターネット上の番号、つまりグローバルIPアドレスも外線番号と同じで、必ずユニークでなければなりません。

図14では、上のLANのWi-Fiルーターと下のLANのルーターのグローバルIPアドレスは、当然ながら違っています。下のルーターは有線なので、HUB（ハブ）につなげています。HUBとは、LANにおけるネットワークケーブルを接続する機器のことです。羽田空港のことをハブ空港というように、そこを経由して他の空港に行くのと同じで、中継地点のような役割をしています。下のLANの図は、HUBに有線でPCをつなげています。学校などでは、HUBから各教室の壁などに設置した無線アクセスポイントに有線でつなげて、教室にある複数のPCとつなげています。教室にあるPCは、Wi-Fiで無線アクセスポイントにつなげて、ルーターを通して外のインターネットにつなげることで、教室から検索や情報収集などが行えるのです。

グローバルIPアドレスは、221.242.X.Xのように、4つの数字で表します。この数字は、1バイトの4つ、つまり8ビットの4つなので、最大数字は256.256.256.256となり、その総数はおよそ43億になります。これだけでは、世界中のインターネットにつながるコンピューターにアドレスを割り振ることが難しくなっているので、IPアドレス枯渇問題と呼ばれています。

先にインターネットに接続していない家庭には、学校のPCやルーターを貸し出すと書きましたが、すぐに対応できない事情もありました。管理上、学校のPCには、固定のプライベートIPアドレスが割り振られていることもあり

ます。それを家庭に持っていっても、設定などに専門的な知識が必要になるので、難しいことが指摘されています。

　なお、学校におけるルーターやLANケーブル、無線アクセスポイントなどは、当然ながら家庭とは異なります。例えば、ある教室で40人の子供たちが同時にパソコンからインターネットにアクセスする場合を考えてみましょう。そのデータは、教室にある無線アクセスポイントが全て受け取り、接続されているLANケーブルに流れます。その情報量は、家庭よりはるかに大きくなります。さらに、LANケーブルに流れる各教室からのデータは、HUBで中継してルーターに送られるので、ルーターにつながっているLANケーブルにはさらに多くのデータが流れることになります。ルーターから外のインターネットに出ていくわけですが、その光回線の容量が小さいと、教室のパソコンのアクセス速度が遅くなり、相当の時間がかかることになります。そこで、文部科学省では、学校規模に応じて、どの程度の容量があればよいかを、デバイスごとに仕様を決めて、教育委員会に提示しています。教育委員会は、それを専門業者と相談して整備しているので、一般の教員は基本的な理解があればよいと思います。

第 **5** 節

Webによる接続

1. サーバーとクライアントとは

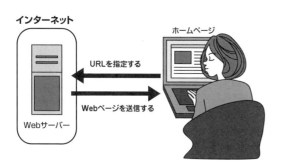

インターネット

ホームページ

URLを指定する

Webページを送信する

Webサーバー

[図15] サーバーとクライアント

　図15を見てください。どこでも見られる普通の操作ですが、どうしてパソコンの画面でホームページが見られるのでしょうか。それにはまず、ブラウザーと呼ばれるソフトが必要になります。インターネットを利用する場合、そのほとんどは、世界中にあるWebサイトにアクセスして見ています。この見ること、それをブラウズ、閲覧する、といいます。そのためのソフトがブラウザーと呼ばれ、自分のパソコンにインストールされていなければなりません。

　代表的なブラウザーには、Microsoft Edge（エッジ）、Google Chrome（クローム）、Safari（サファリ）、Firefox（ファイアーフォックス）、Opera（オペラ）などがあります。ただし、Windows であれば初めから Edge が標準ブラウザーとして搭載されています。iOSでは Safari が、Android OSのスマホやタブレットでは Google Chrome が標準ブラウザーとして搭載されています。仮にOSが Windows でも、Google Chrome をブラウザーとして利用したい場合は、自分でインストールすることもできます。

　図15のように、ブラウザー上でWebサイトにアクセスする際の例を図16に示します。この例では、Zoom、Google Meet、Microsoft Teams の3つのサイトを表示しています。

　それぞれのサイトは、画面の上部にあるアドレスバーに、「https://」などのURLと呼ばれる住所に相当する情報を入力することで表示されます。その情報が保管されている場所をWebサーバーといいます。

　図15は、アドレスバーに表示されたURLをクリックすることで、その住所にあるWebサーバーに情報をくださいと要求している光景なのです。そして、その要求を受けたサーバーは、分かりました、としてサーバーの情報を送るのです。従ってこの場合は、要求する側が人の使っているパソコン、その要求を受けて情報を提供する側がWebサーバーとなります。一般的に、パソコンがサービスを受ける側なので、お客さんの立場と考えてクライアントと呼び、サービスを提供する側をサーバーと呼んでいます。例えば、自動販

売機でコーヒーを飲む場合も同じです。注文する人がクライアントで、自動販売機がサーバーになります。

2. URLとは

URLとはUniform Resource Locator（ユニフォーム・リソース・ロケータ）の略称です。図16に示したように、Webサイトの住所のようなものですが、情報の保管場所のことになります。簡単に説明すると、図16の上部で示しているように、ZoomのURLは「https://zoom.us」になります。

始めの"https://"は、プロトコルと呼ばれる通信方式のことです。こ

[図16] URLの事例

こで"s"に注目してください。Secure（セキュア）の"s"で安全を意味しています。情報を送るときは暗号化されているので安全です、という意味です。ホテルなどで貴重品を金庫に保管するときはカギをかけ、取り出すときにもカギで開けるのと同じように、この暗号化にもカギが必要になるので、カギのアイコンがアドレスバーに表示されています（図16参照）。

次の"zoom.us"はドメイン名と呼ばれ、情報を保管しているコンピューターの住所のようなものです。"us"はアメリカなので、アメリカにあるZoom社のコンピューターという意味になります。例えば、日本のNHKといえば、それだけで郵便が届くようなイメージです。学校などでは、日本（jp）の教育機関（ed）の学校名で住所を指定するイメージで、abc.ed.jpのように示します。

図16の中段の Google Meet のURLも同じです。Microsoft Teams は、「microsoft.com/ja-jp/microsoft-365/microsoft-teams/」のように表示されていますが、"ja-jp"は英語ではなく日本語で表示するという意味なので、ここでは無視してください。およそ推測できると思いますが、"/"の区切りは、"microsoft.com"の住所のコンピューターの中にある、"microsoft-365"というファイルの中にある、"microsoft-teams"というサブファイルのようなイメージで、階層が深くなっていきます。

筆者のホームページを例として図17に示します。トップページがホームページで、URLは「akahorikanji.com」になります。このページのブログをクリックすると、ブログサイトに移動し、URLは「akahorikanji.com/blog-2/」となるので、階層が1つ深くなっていることが分かります。同じように、連絡先サイトでは「akahorikanji.com/contact/」となり、自己紹介サイトで

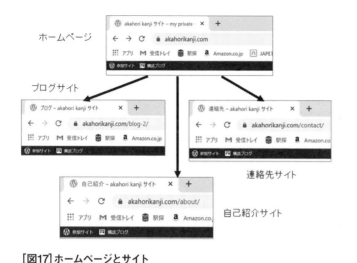

ホームページ

ブログサイト

連絡先サイト

自己紹介サイト

[図17] ホームページとサイト

は「akahorikanji.com/about/」となります。階層が変わるという意味が分かると思います。

3. HTMLとは

図15でサーバーとクライアントの説明をしました。パソコンのアドレスバーでURLをクリックすると、それは情報を送ってくださいという要求をしており、その要求を受けたWebサーバーがそのURLに紐付けられた情報を送ると説明しましたが、この情報とは何でしょうか。図18と図19を見てください。

図18右側のファイル一覧の中の「オンライン20201030.txt」の中身が、左上の囲みです。ここで、

　　〈title〉オンライン授業とは〈/title〉

と、

　　〈body〉

　　　　オンライン授業の基礎

　　〈/body〉

に注目してください。どちらも〈title〉や〈body〉で囲まれています。これは囲まれた文字や画像がWebページに表示されるという意味です。タグと呼ばれ、いくつかの約束事がありますが、ここでは省略します。そこで、もう一度右側のファイル一覧を見てください。

「オンライン20201030.html」のファイルがあります。これは、先の".txt"ファイルの拡張子を".html"に変えただけです。そこで、この".html"のファイル名をクリックすると、図18の左下のようなWebページが表示されます。つまり、".html"はWebページを表示するファイルであり、その中身は".txt"で表示されたテキストとなります。".html"ファイルはHTML（エイチティーエムエル）というコンピューター言語で書かれたプログラムなので、ソースやソースコード、コードなどと呼んでもいいと思います。そのソースコードがWebサーバーからパソコンに送られて、画面に表示される仕組みになっています。HTMLの"L"は言語（Language）の"L"なので、分かると思います［注8］。

次に図19を見てください。図18とは画面が異なるので、そのソースコードを見ていきましょう。

図18右側のファイル一覧にある「その2オンライン20201030.txt」ファ

［注8］
HTML：HyperText Markup Language（ハイパーテキスト・マークアップ・ランゲージ）の略。Webページを作成するために開発された言語のこと。

26

[図18] HTMLの事例（その1）

[図19] HTMLの事例（その2）

イルの中身が、図19の左側になります。その中の＜body＞のタグで囲まれた
ソースを以下に示します。

```
＜body＞
    ＜h1＞自主的に学習しましょう＜/h1＞
    ＜p＞＜img src="sensei3.jpg",alt="似顔絵"＞＜/p＞
＜/body＞
```

　前のコードと違う点は、＜h1＞のタグで囲まれた箇所と、＜p＞のタグで囲
まれた箇所です。この中には"sensei3.jpg"がありますが、図18右側のファ
イル一覧にこのファイルがあります。これは".jpg"でも分かるように、画像
ファイルを示しています。

　このコードと図19右側のWebページを比べてみてください。＜h1＞タグや
＜p＞タグの意味がすぐに分かると思います。＜h1＞タグで囲まれた文字は大
きく表示されていますし、＜p＞の次には指定する画像が表示されています。
このように、いろいろなタグを使って画面表示しているのです。ブラウザー
でWebページを表示する場合は、そのWebページを保管しているWebサー
バーにHTMLで書かれたコードを要求して、ソースコードを送ってもらい、
自分のパソコンの画面に表示する仕組みになっています。図15はそのやりと
りの仕組みを示しています。

基礎編　第1章　オンライン学習・授業のための基礎知識

アカウントとパスワード

1. アカウントとは

　誰でも銀行でお金を引き出したり、他の銀行に振り込んだり、預金したりした経験はあるでしょう。このような業務を行うことで、銀行は手数料を取りますが、それはサービスだからです。銀行はサービスに対する対価として手数料を取ります。この関係は第5節に述べたサーバーとクライアントの関係に似ています。銀行がサービスを提供するには、相手を特定しなければなりません。つまり、利用者である顧客を登録する必要があります。顧客を顧客リストに登録するには、顧客が誰であるかの証明が必要です。この証明が口座であり、口座番号であり、本人しか知らない暗証番号となるのです。

　口座番号はID番号ともいいます。IDとはidentification、つまり本人であること、身分証明のことです。学生証や学生番号も同じで、その大学の学生であることを証明するためのものです。このように考えると、運転免許証や個人番号、パスポートも全て同じです。他人が勝手に使えば犯罪につながりますので、注意しなければなりません。通帳という現物があれば、その現物を所有している人が本人だと信じてサービスを行いますが、コンピューター上ではその証明がありません。そこで、暗証番号が必要になります。銀行によっては、さらに別の証明書を求めることもあります。初めてサービスを受ける場合、まず銀行に口座を開きます。これをコンピューター上で行うには、その口座がアカウント、口座番号がID番号とかユーザーID、暗証番号がパスワードに対応します。アカウントとは、ユーザーIDとパスワードのセットと考えてよいでしょう。

　ID番号で重要なことは、その本人だけを特定できるということです。同じID番号で複数の人が存在したら、大混乱になることは言うまでもありません。世界中で、ただ1人を特定できること、これが必須なのです。

　自分の銀行口座から他銀行に、ATMを使って現金を振り込む場合を考えてみましょう。振り込みボタンを押し、カードを挿入するとID番号が読み込まれ、暗証番号の入力を求められます。コンピューターでは、このような操作をログインとかサインインといいます。このときに、ATMの操作と同じように、ユーザーIDとパスワードの入力が求められます。つまり、アカウントを入力することが必要になるのです。

　当然ながら、ID番号は他人に知られても構いませんが、パスワードは決し

て知られてはいけません。対面であれば、他の証明書を要求することもできます。例えば、生年月日や住所、電話番号などの追加情報で本人を確認することもできます。パスポートなどは顔写真があるので、見比べることもできます。コンピューターでは、パスワードが最も確実な確認方法となります。最近では、生体認証なども用いられるようになってきました。

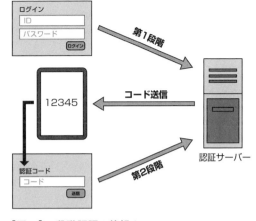

[図20] 2段階認証の仕組み

　生体認証とは、個人によって全て異なる指紋や声紋などをパスワードとして利用する方法です。しかし、怪我をしたり風邪を引くなど、登録した情報と異なることもあるので、現実にはパスワードが有効な方法となります。ただし、スマホの場合は常に持ち歩くので、無くしてしまうことも考えて、セキュリティには十分注意しなければなりません。実際にスマホの場合は、指紋認証かパスワード入力のどちらかを選択できるようになっていることが多いようです。無くしたときの保証です。

　ただし、2段階認証はよく用いられる方法です。図20にその仕組みを示します。例えば、パソコンからログインすると、数カ月に1回程度、2段階認証を求められることがあります。毎回だと面倒ですが、この程度なら許せます。あるいは、初めてサービスを利用するときに2段階認証が必要なことも多いです。初めてアカウントを設定する場合は本人確認が必要なので、スマホの携帯電話番号のメールに確認コードを送り、本人かどうかを確かめる方法がよく用いられます。

　図20のように、スマホの電話番号を使ったメールにコードが送られてきて、そのコードをパソコンに入力するように求められます。2段階で本人確認を行うのです。仮に他人がパスワードを盗んだとしても、本人のスマホが手元になければどうにもならないからです。つまり、パスワードという本人しか知らない情報と、本人しか持っていないスマホとその電話番号の2段階で、本人確認を行う仕組みなのです。

2.　Google アカウントの作成

　ここで、Google、Microsoft、Zoom のアカウント登録の例を簡単に紹介します。図21は Google アカウントの作成例です。

　作成するには姓名を入力しますが、これは個人情報なので、本名を書くのが嫌な人は愛称でも構いません。重要な情報はメールアドレスとパスワードです。コンピューターが認識するのは、この2つの情報だからです。メールアドレスが先に説明したユーザーIDに当たります。ユーザーIDは、その本人

[図21] Google アカウントの例

[図22] Google のアカウントとサービス

を特定するために、世界中でただ1つであることが必須だと説明しました。メールアドレスも同じで、その本人を必ず特定することができます。氏名や生年月日などは、同姓同名でかつ誕生日が同じ人がいてもおかしくないので、その人を特定する証拠にはならないのです。メールアドレスならば、そのアドレスを設定する段階で、認証サーバーがチェックして、必ず世界中でただ1人を特定することができます。

　さらに、スマホに認証コードを送信する2段階認証の仕組みを説明しましたが（図20参照）、本人であることの証明にはスマホの電話番号が確実だからです。スマホは家族で使う固定電話ではなく、その人個人の電話番号であり、そこに送るメールだからです。

　パスワードは特に重要なので、しっかり管理しておいてください。この2つの情報によりアカウントが作成されます。そして、この2つの情報を入力することでサービスを受けること、つまりサインイン、ログインすることができます。入り口を通過、パスすることができるのです。

　図21では、「代わりに現在のメールアドレスを使用」も選択できることが分かります。例えば Outlook などのメールアドレスでもいいのです。その人を特定できて、パスワードで管理されていれば、コンピューターはドアを開けるのです。そして、そのサービスを提供する部屋に入ると、図21の右側にあるように、Google の全てのサービスを受けることができるのです。

　図22にそのサービスの一覧を示します。Gmail や YouTube、ドライブ、翻訳などの多くのサービスがあり、全て無料で利用できますが、アカウントがその部屋の入り口になることが分かると思います。

3. Microsoft アカウントの作成

アカウントとサービスの関係は Microsoft でも同じです。図23は Microsoft のアカウントの作成画面です。例えば Windows OS であれば、設定の項目から、このようなアカウントを作成できます。新しくパソコンを購入すると、必ずアカウントを作成します。また、家族などで利用する場合にも、使う人ごとにアカウントを作成できます。図23で分かるように、電話番号を使うか、新しいメールアドレスを取得するか、既にある他のメールアドレス（例えば Gmail のアドレスでも構いません）を使うかの選択ができます。そして、パスワードを入力すれば、その2つの情報によって Microsoft のアカウントになります。その他の氏名や生年月日、性別などは個人情報になりますので、必ずしも必須ではないのです。

ただし、少し注意が必要です。図24の左側には Micorsoft 365 と表示されていますが、これは個人の Microsoft アカウントです。同じアカウントでも、右側はアプリと表示されています。これは職場で契約しているアカウントです。Teams、SharePoint、Forms などのサービス、アプリが使えます。これは、職場では情報やデータを共有することが重要なので、そのサービスを受けるために有料で契約しているからです。もちろん、個人であっても、Office 系の Word や Excel などを有料で購入していますが、図24の左側にあるその他のアプリは無料で使えるという仕組みになっています。しかし、職場では個人の仕事の他に、協働作業がさらに重要になってくるので、このようなサービスが提供されています。つい最近までは Office 365 と呼ばれていて、そのアカウントを取得することで課金されていましたが、Micorsoft 365 に名称が変わりました。このように考えると、Google と仕組みはほぼ同じですが、Google アカウントは現在無料になっているので、両社の違いはあります。これはビジネス方針の違いで、無料で多くのユーザーを確保するのか、Windows OS のパソコンを所持しているユーザーを対象にするのか、

[図23] Microsoft のアカウントの作成

[図24] Microsoft のアカウントとサービス

などが考えられます。読者の皆さんは、総合的に判断するしかないでしょう。

少し詳細になりますが、例えば Google の Gmail や Microsoft の Outlook を初めて使うときには、メールアドレスとパスワードを設定します。この設定でそのまま Google や Microsoft のアカウントになります。アプリやサービスごとにアカウントを設定するのは面倒なので、当然の処理だといえます。

4. Zoom アカウントの作成

図25 zoomのサインインの例

[図25] Zoomのサインインの例

次に、Zoom アカウントの作成について図25に示します。基本は同じです。自分の使っているメールアドレスがユーザーIDとなり、パスワードを入力すると、この2つのセットでアカウントが作成されます。ただし、図25にあるように、他のアカウントでもサインインすることができます。

ここで、1つだけ注意すべきことがあります。特に、オンライン授業やリモート会議などの場合です。自分がオンライン会議を企画して、他の参加者に招待状を送って授業や会議を開催する場合は、会議を企画する側（主催者とかホスト）になります。ホストにはアカウントが必要ですが、招待を受ける側（参加者やゲスト）にはアカウントは必要ありません。Gmail の利用者と Outlook の利用者で、メールの送受信ができないことはありません。同様に、参加者には参加するTV会議システムのアカウントは必要ないのです。図25で分かるように、Zoom では他のアカウントでもホストになれる、という設定になっています。つまり、どこかで認証されていれば、それを認めればよいという考え方なのです。

第**7**節

クラウドとWebブラウザー

1. クラウドとは

　Microsoft のOSである Windows のパソコンには、Office などのアプリが既にインストール（プリインストール）されている場合がほとんどです。つまり、標準装備されているのです。基本的に他のアプリはインストールされていないので、必要なら自分でインターネットからダウンロードすることになります。土台となるソフトがOSで、そのOSの元で実行できるソフトがアプリであることを思えば、OSを提供する巨大IT企業が自社のアプリをプリインストールすることは、当然なのかもしれません［注9］。Office には、Word、Excel、PowerPoint などの代表的なアプリがあります。これは、パソコンを買ったら既に装備されているか、装備されていなければ、インターネットからダウンロードする必要があります（もちろん必要な場合です）。つまり、自分のパソコンにアプリを保存しておかなくてはなりません。

　これに対して、Google のアプリはどうでしょうか。パソコンで使う場合は、基本的にアプリをパソコンに保存する必要はありません。それは、Webブラウザーを通してWebサーバーにアクセスして使うからです。「第5節 Webによる接続」で説明した通り、WebブラウザーはWebサーバーにアクセスするための窓であり入り口です。具体的には、Microsoft Edge、Google Chrome、Safari、Firefox などですが、OSによっては標準装備されているブラウザーもあります。標準装備以外の別のブラウザーを利用したければ、ダウンロードすればいいのです。

　ブラウザーだけインストールしてしまえば、この入り口から Google サーバーにアクセスして、ファイルや写真、文書などを編集したり、保存したりすることができます。つまり、ブラウザーからインターネットを通して Google サーバーとやりとりしながら仕事ができるのです。これに対して、自分のパソコンにアプリを保存した場合は、そのパソコンのアプリを使いながら、仕事をすることになります。従って、文書などのデータの保存は、Google の場合は Google サーバーに、アプリの場合は自分のパソコンになります。では、その Google サーバーはどこにあるのでしょうか。雲の中だというのは比喩ですが、どこか安全な場所に専門家がいて、データを管理しているので安心してください、という仕組みがクラウドになります。

　近年、Microsoft は、Office 365 とか Microsoft 365 という新しい方式

［注9］
OSとアプリの違いについては「第2節 OSとアプリの違い」を参照。

基礎編 第**1**章 オンライン学習・授業のための基礎知識

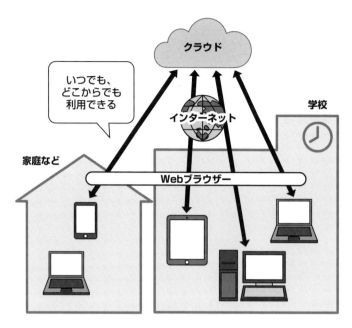

[図26] クラウドのイメージ図

を提供してクラウド対応になりました。つまり、Google と同じように、ブラウザーを通して、Office サーバーにファイルを保存したり編集したりする作業ができるようになりました。アプリをインストールするか、Webブラウザーで作業するかを選択できるようになったのです。もう一度、図22の Google のサービスと、図24の Microsoft のサービスを参照してください。Google はオンラインだけですが、Microsoft はパソコンのアプリとオンラインのアプリの両方が使えるという違いになっています。

　図26にクラウドのイメージを示します。学校が休校になって、家庭からでも、どこからでも学習を可能にするためには、Webブラウザーからインターネットを通して、Webサーバーにアクセスできるクラウドが便利だという意味が分かると思います。

2. Meet、Teams、Zoom へのアクセス

　オンライン授業やリモート会議を行うには、Meet、Teams、Zoom などのソフトが必要です。ここでは、ソフト、ツール、アプリなどの用語を使いますが、全て同じ意味で使っています。これは、パソコンの場合とスマホの場合で異なります。例えば、外出先とか車の中など、どうしても自分のパソコンが使えないときは、スマホを使ってリモート会議に参加することになります。この場合、モバイル用のアプリを自分のスマホにダウンロードしなければなりません。これに対して、パソコンでオンライン授業や会議に参加する場合には、2つの方法があります。

1つはスマホと同じように、アプリをパソコンにダウンロードして、オンライン授業や会議に参加する方法です。ただし、Google Meet は基本的にクラウドベースなので、アプリのダウンロードはしません。Microsoft Teams やZoom などは、アプリをパソコンにダウンロードして利用することができます。もう1つは、アプリをダウンロードしないで、Webブラウザーを通してアクセスする方法です。この方法で、オンライン会議などを利用できます。例えば、学校で教員個人にパソコンが割り当てられている場合、勝手にアプリをインストールすることはできません。いろいろな制約があるはずです。そのような場合には、このWebブラウザーを通してアクセスする方法が適しています。基本的に、どちらが良いということはありません。

　さらに、注意しておきたいことがあります。「第6節　アカウントとパスワード」で説明した通り、自分がホストになる場合（つまり授業や会議を主催する側）は、必ずそのツールを使う権利であるアカウントが必要になります。しかし、それを受講する側（ゲスト）にはアカウントが必要のない場合と必要のある場合があるということです（4章の98ページ参照）。ゲストは招待されたURLをクリックするだけ、場合によってはパスコードを入力するだけで参加できます。これは、ホストとゲストの権限の違いによるものです。例えば、ゲストには情報を受けるだけ、質問はチャットだけ、映像記録はできないなどの制限がありますが、ホストにはそのような制限はありません。ただし、これは有料か無料かによっても異なります。この権限の違いはすぐに理解できると思います。

自作教材の活用

1. オンラインストレージ

図27は、Microsoft の OneDrive のフォルダーを示しています。もう一度、図24の Microsoft のアカウントとサービスの図を見てください。OneDriveのサービスがあり、そのアイコンが雲のような形をしていることに注目してください。雲、つまりクラウドを示しています。図26がクラウドのイメージ図ですが、専門家が管理しているサーバーがあって（場所は分かりません）、そこにデータが保存されているイメージです。膨大なデータ量を保存する、保管する、蓄積するという意味で、ストレージとも呼ばれます。正確にはオンラインストレージです。自分のパソコンやスマホでも、空き容量が40％などと表示されるので、内部ストレージがあることが分かります。ただし、写真や動画などを内部ストレージに保存するには膨大な容量が必要になるので、オンラインでつながった外部のストレージを利用することが得策です。これが、Microsoft の OneDrive や Google のドライブなどになります。街中の貸倉庫のような概念ですが、オンラインなのでいつでもファイルの送受信ができるのです。

自分の情報の保管も大切ですが、クラウドは他者と共有できることで、さらに効果的な使い方となります。図27を見ると、「自分のファイル」と「共有ライブラリ」のフォルダーがあります。この「共有ライブラリ」を活用すると、登録しているユーザー全員でファイルの読み書きができます。もちろん、権限を使って、読むだけのユーザーに設定することもできます。この共有を利用すれば、家庭学習も可能になるのです。

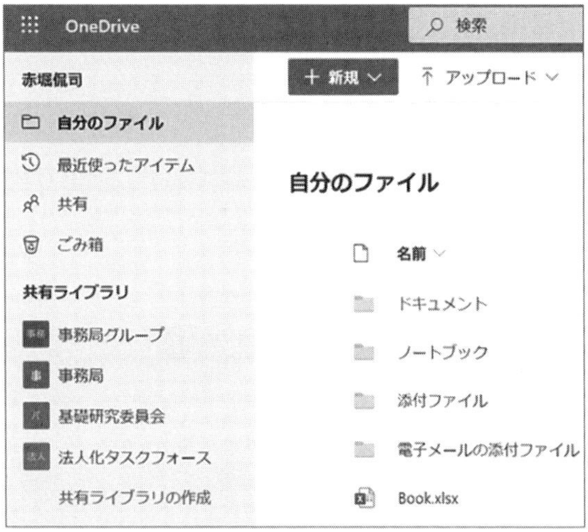

実際には OneNote（図24を参照）を使って、オンライン上で文章などを作成することができます。さらに、音声入力も可能なので、音声で話しながら文章を作成したり、写真を挿入したり、動画まで同期することができます。このファイルは、上記の OneDrive に保存されます。これを共有することで、誰でもど

[図27] Microsoft の OneDrive のファイル

こからでもアクセスすることができるようになります。具体的な例を図28に示します。

右側に社会科の教材が提示されていますので、子供は休校であっても、家庭から教材にアクセスして学習することができます。そして、動画がリンクされているので、動画を再生しながら、読んだり見たり聞いたりしながら、自分で学習できるようになっています。図28の例は、OneNote で作成して共有した例です。

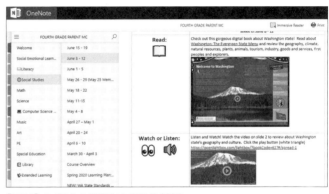

[図28] アメリカの学校における教材例
https://bsd405.sharepoint.com/:o:/s/curriculum/Fourth/EnuYu
KGDtKdDmt56wjpZfnMBk4JiQRJd3lB2JugMV3QNCQ?e=31B
WX5

このように、クラウドによって、いつでもどこからでも情報を共有できるので、非同期型の学習に適しています。Google にも同じ機能がありますので、参照してください。

2. 動画の活用

図29を見てください。埼玉県立鴻巣女子高等学校の数学におけるYouTube の活用例です。この学校では、先生が作成した動画を YouTube にアップロードして、生徒が自宅からスマホでQRコードを読み取って、動画を視聴しています。その視聴時間は5分以内ですから、ほとんど問題ありません。つまり、5分間の動画を利用した予習なのです。このような学習方法を反転学習と言いますが、そのために YouTube を活用しています。YouTube のサーバーはクラウド上にありますので、生徒はいつでも家庭からでも視聴することができます。

QRコードをワークシートに印刷して生徒に配布しておけば、生徒はいつでもどこからでもアクセスできます。5分程度なので、時間のあるときに気軽に予習できるのです。動画教材は、スマホやパソコン、デジタルカメラなどで作成でき、アップロード、投稿することができます。ただし、YouTube への投稿には Google アカウントが必要です。Google アカウントがあれば、Google の提供する全てのサービスを

[図29] 埼玉県立鴻巣女子高等学校の数学における YouTube の活用

利用できます。5分間だけの短い予習ですが、学習効果は大きいのです。今の高校生でスマホを持っていない生徒はいないと言ってもいいので、その活用の例です。もちろん、スマホでなくても、自宅のパソコンでも利用することができます。

3. オンラインストレージの活用

[図30] Google ドライブの活用

先に Microsoft の OneDrive や OneNote について述べましたが、同じ機能は Google にもあります。それは、Google のドライブやドキュメントです。OneDrive がドライブに、OneNote がドキュメントに対応すると考えてください。

オンラインで入力、編集、出力などができるので、活用の幅が広がります。クラウドなので、インターネットにつながっていれば、いつでもどこからでもアクセスして活用することができます。図30は Google ドライブの活用例です。これは、Google の jamboard という自由に書いたり資料を貼ったりすることができるホワイトボードの機能を使って、協働学習をしています。生徒が課題研究を行って、その資料をクラウドにアップロードすると、生徒や先生がその資料を見ることができます。そして、どの点が良かったか、どこを改善すればよいかなどを、自由にホワイトボードに書き込んでいるのです。図30では、付箋紙カードを貼り付けるイメージになっていますが、このようなサービスを使うことで、非同期型のオンライン授業も行えることが分かると思います。

まとめ

基礎編の最後に、これまで説明してきたことをまとめます。

第1節　オンラインとは

① 情報の単位はビットやバイトなどを使います。その容量の単位は、キロ、メガ、ギガと1000倍ずつ大きくなり、現代はギガ（GIGA）の時代になってきました。

第2節　OSとアプリの違い

② パソコンなどのソフトウェアには、基本ソフト（OS）と応用ソフト（アプリ）があります。代表的なOSは、パソコンでは Windows、Mac、Chrome OS など、スマホではアンドロイド（Android）、iOS などです。

第3節　オンライン授業のアプリ

③ オンライン授業に利用されるアプリには、Zoom社の Zoom、グーグル社の Meet、マイクロソフト社の Teams、シスコ社の Webex などが挙げられます。

④ 実際のオンライン授業は、同時双方向とビデオオンデマンドの両方の組み合わせで実施されています。

第4節　インターネットへの接続

⑤ 家庭や学校でオンライン授業を行うには、インターネットにつなげる装置（デバイス）が必要です。このデバイスがルーターになります。

⑥ 学校や家庭には複数のパソコンがあるので、お互いにつなげる必要があります。このネットワークをLANと呼びます。

⑦ パソコンやプリンターなどをLANでつなげる場合、内線電話の番号に相当するIPアドレスと呼ばれる番号が割り振られます。

第5節　Webによる接続

⑧ パソコンからインターネットのWebサイトにアクセスするには、ブラウザーと呼ばれるソフトが必要です。Microsoft Edge、Google Chrome、Safari、Firefox などが主なブラウザーで、標準装備されている場合もあります。

第6節　アカウントとパスワード

⑨ Google や Microsoft が提供するサービスを受けるには、アカウントが必要です。そのアカウントには、ユーザーID（多くはメールアドレス）とパスワードの2つの情報が必須です。

⑩ アカウントが本人であるかどうかを確認するために、2段階認証などの方法が採用されています。

⑪ Google や Microsoft が提供するサービスには、学校で活用できるものが多くあります。Google がオンラインだけで使うのに対し、Microsoft はパソコンに保存しているアプリとオンラインのアプリの両方を使えることに違いがあります。

⑫ サービスにはメールや資料提示、ファイルの保管、リモート会議、アンケート、情報管理などの多くの機能がありますが、Google と Microsoft によって、無料か有料かなどの違いがあります。

第7節　クラウドとWebブラウザー

⑬ オンラインで利用するには、クラウドという仕組みで安全に情報が保管されていることが前提になります。クラウドによって、いつでもどこからでも情報にアクセスすることができます。

⑭ 特に学校では、教員と生徒、生徒同士、教員同士、他の教育機関との連携を考えると協働作業が必須になるので、このようなクラウドが期待されています。

第8節　自作教材の活用

⑮ 家庭からでも授業を継続するには、非同期型の授業として、YouTube等の動画の活用や、オンラインストレージの活用などが挙げられます。

操作編

第 2 章

G Suite for Education 操作ガイド

［執筆：池田利夫］

G Suite for Education を 構成するアプリ

G Suite for Education は、オンライン学習・授業を実現するための複数のアプリを含む統合サービスです。参加者のコミュニケーションやコラボレーションのほか、クラス管理やタスク整理などの機能を利用できます。まずは、G Suite for Education の主なアプリとその機能について見てみましょう。

　G Suite for Education に含まれる主なアプリとその機能について、表にまとめました。いずれも、Google アカウントを取得することで利用でき、基本的にブラウザーアプリ上で Web アプリとして使用することができます。

　利用するハードウエア環境には、Windows や Mac のパソコン、Chromebook、iPhone や iPad、Android のスマートフォンやタブレットを用います。

　本書では、Google アカウントがあれば無料で利用できる Web サービスを使って解説しながら、G Suite for Education で特徴的な操作は、随時解説を加えています。そして、アプリとして Google Classroom、Google Meet、Google スライドなどの機能について、利用の流れをイメージできるように、基本的な解説を行っています。表計算やプレゼンテーションアプリの詳細な解説については、G Suite を解説する他書籍も参考にしてみてください。

G Suite for Education（グーグル）関連のアプリ／サービス

アプリ／サービス名		主な機能	教材制作・共有	コミュニケーション	学習管理・成績管理
Google Classroom		オンラインで課題の作成から配布、進捗の把握、フィードバック、成績管理まで、生徒とのコミュニケーションや学習管理をサポートする協働学習支援ツール。	○	○	○
Google Meet		離れた場所にいる教師・生徒同士をつなぐビデオ通話アプリ。G Suite for Education では、無料で最大100名までの同時参加が可能。		○	
Google ドキュメント		文書や資料を作成できるアプリ。最大100名での同時編集も可能。Microsoft Office ファイルとの互換性がある。	○	○	
Google スプレッドシート		表計算アプリ。数値データの集計や分析などを行う。最大100名での同時編集も可能。Microsoft Office ファイルとの互換性がある。	○	○	

アプリ／サービス名	主な機能	教材制作・共有	コミュニケーション	学習管理・成績管理
Google スライド	プレゼンテーションアプリ。プレゼンテーション用の資料やグラフ、表などをスライド形式で作成できる。最大100名での同時編集も可能。Microsoft Office ファイルとの互換性がある。	○	○	
Google ドライブ	クラウドストレージ。複数のデバイスでファイル共有やファイルのバックアップができる。G Suite for Education では容量無制限で利用できる。	○		
Gmail	電子メールの作成や送受信を行うメールアプリ。容量無制限。独自ドメインの利用が可能。		○	
Google フォーム	アンケートやテストを作成・回収し、自動集計・分析できるアプリ。Google スプレッドシートへのエクスポート機能もある。	○	○	○
Google カレンダー	予定の作成・共有ができるスケジュール管理アプリ。教室や備品の使用予約などにも利用できる。		○	○
Google Keep	Web上で作成・共有できるデジタルメモアプリ。画像や図形描画の挿入、手書き文字の入力にも対応する。	○	○	
Google Chrome	インターネットブラウザアプリ。PC版ではさまざまな機能拡張ができ、カスタマイズが可能。	○		
Google サイト	専門的な知識がなくてもWebサイトを作成・共有できるアプリ。	○	○	○
Google Chat	会話のトピックごとにチャットルームを作成してコミュニケーションができるチャットアプリ。		○	
Jamboard	教室のホワイトボードと同じ感覚で使えるホワイトボードアプリ。テキスト以外にも、ふせんや図形、画像、手書き文字などを入力できる。	○	○	
Tasks	To Do リストを作成・管理できるアプリ。Gmail と連携してタスクを作成する機能も持つ。			○
Google グループ	メーリングリストやトピックごとにWebフォーラムが作成できるアプリ。		○	
動作環境	Windows、MacなどのPC端末、iPad、Androidのタブレット端末、学習端末Chromebookなど。マルチOS、マルチプラットフォームの環境で利用可能。インターネット接続環境が必要。オフラインで利用できる機能もある。			
料金とシステム	幼稚園、小中高校、高等教育機関など、利用資格を有するすべての教育機関で、無料のアカウントを作成可能。はじめに教育機関用のアカウントの登録申請を行い、承認を受ける必要がある。審査に通れば、すべてのツールを無料で利用できる。より多くの機能を利用できる有料の Enterprise エディションもある。			

02 G Suite for Education の 導入と必要な手続き

G Suite for Education の導入に必要な手続きと手順について、確認しておきます。教育機関であれば、承認を受けて無料で使うことができます。ここでは流れだけを確認し、実際にはグーグルから提供される資料などを確認しながら、手続きや設定を行ってください。

　G Suite for Education は、グーグルによる承認を受けた教育機関であれば、基本的な機能を無料で利用できます。承認が完了したら、先生と生徒それぞれ利用者ごとにアカウントを発行して使い始められます。各アプリは、Webアプリとして提供されます。利用者は個別にログインして、ブラウザーアプリの画面上で利用します。

　より多くの機能を利用できる「Enterprise エディション」は有料です。料金は人数や使用機能に応じて設定されるので、個別にグーグルに相談します。

ヒント
G Suite for Education 利用資格の詳細は、下記URL参照。
https://support.google.com/a/answer/134628?hl=ja

● 登録ステップ1　申し込み

G Suite for Education の申し込みページ（下記URL）にアクセスします。説明を確認したら、「次へ」をクリックします。
https://gsuite.google.com/signup/edu/welcome#0

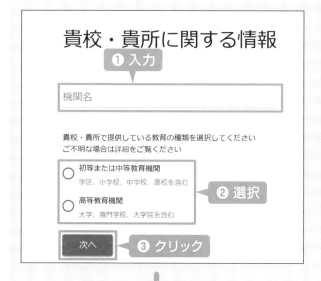

「機関名」を入力し、教育の種類を選択したら、「次へ」をクリックします。

学校のWebサイトを入力して、「次へ」をクリックします。このあと、国と電話番号、組織の住所、ドメイン情報（学校のWebサイトの情報）などの入力画面が表示されます。順番に入力して、次に進みましょう。最後に、「G Suite for Education に関する学校同意書」の条項を確認し、「同意して続行」をクリックすると、申し込みは完了です。

ヒント

既に Google Workspace を利用中なら、下記URLから Google Workspace サブスクリプションをアップグレードします。ただし、G Suite for Education の利用資格がある教育機関に限ります。

https://support.google.com/a/answer/4601351

G Suite for Education のアップグレードをリクエストする

アップグレードをリクエストするには、管理者アカウントで G Suite にログインする必要があります。ログインしていない場合は、このページにリダイレクトされます。

1. Google 管理コンソール にログイン します。
   現在のアカウント toshio.ikeda.jamhouse@gmail.com ではなく管理者アカウントでログインしてください。
2. G Suite for Education へのアップグレード リクエスト を開きます。
3. フォームに詳細を入力し、[送信] をクリックします。

⚠ この記事に関するフィードバックをお寄せください

登録ステップ2　ドメインの所有権を証明する

　学校名の入ったURLなどのドメインを使用するため、ドメインの所有権を証明します。学校のネットワーク管理者などにご相談して進めてください。その後、グーグルによる申し込み審査が開始されます。この手続きは、ドメインに所属していないユーザーが無断でサービスを使用したり、学校からのメールを装ってメールを送信したりすることを防ぐために行います。

　ドメインの所有権を証明するには、以下の情報や書類の用意が必要です。

・教育機関の公式Webサイトの URL
・公認教育機関であることを示す公的認定書をスキャンした写し
・非営利団体であることを証明する公的文書をスキャンした写し
・氏名、連絡先メールアドレス（Google Workspace アカウントに関連付けられていないもの）と、学校における肩書き、役職、所属先

登録ステップ3　承認後、ユーザーを追加して組織を設定する

　G Suite for Education の承認を得たら、ユーザーの追加やアプリの設定ができるほか、メールの移行などの機能を利用できます。グーグルから提供される資料を見ながら、主に以下の設定を順に行っていきます。

・組織の構造を作る
・ユーザーを追加する
・アプリやサービスごとに有効／無効を設定する
・ユーザー管理のパスワードを設定する

Google アカウントにログインする

　以降のページで紹介する各種サービスを利用するには、Google アカウントを使ってログインします。管理者、参加者ともにログインの手順が必要です。

ブラウザーアプリを起動したら、Googleのページ（下記URL）にアクセスします。「ログイン」をクリックします。

https://www.google.com/

G Suite for Education に登録されているアカウント名（メールアドレスまたは電話番号）を入力し、「次へ」をクリックします。

ユーザー固有のパスワードを入力して、「次へ」をクリックします。これでログインは完了です。

03 オンラインコミュニケーションの実現

テレビ電話のように相手の顔を見ながらオンラインでコミュニケーションできるのが、Google Meet です。オンライン授業や朝の会、先生同士のミーティングでも活用できます。

　ここでは、Google Meet に会議室を設定して参加者を招く方法、会議に参加する方法について解説します。あらかじめ Google Classroom に登録したユーザーを招待するだけでなく、メールアドレスで個別に招待することもできます。

　会議では、自分のパソコンの画面を共有したり、Web上のホワイトボードを表示して、文字や図解で解説を行うこともできます。

● 会議に招待する

ブラウザーアプリでGoogleのページにアクセスしたら、「Googleアプリ」アイコンをクリックしてアプリの一覧を表示し、「Meet」をクリックします。

ヒント

最近のノートパソコンには、液晶画面の上部分にカメラが内蔵されていることが多いので、カメラはこれを利用できます。カメラが内蔵されていない場合は、USB接続のカメラなどを別途自分で用意する必要があります。

「新しい会議を作成」をクリックします。

ヒント

Google アカウントがないユーザーも招待することができます。参加者は、名前を入力して、参加リクエストすることで参加できます。

「次回以降の会議を作成」をクリックします。会議の開催場所のURLを作成して共有する方法です。

ヒント

「新しい会議を作成」では、他にも次の作成方法が選択できます。
・会議を今すぐ開始：今すぐ会議の画面を開いて、参加者を招待できます。
・Google カレンダーでスケジュールを設定：会議のスケジュールをGoogleカレンダー上に作成して、共有します。

リンクが表示されたらコピーします。文字列を選択してコピーするか、右のアイコンをクリックして、クリップボードにコピーする方法があります。

Google Classroom を利用中なら（61ページからの手順参照）、クラス全員にストリームの機能を使って招待を送ることができます。

ヒント

個別に招待する場合は、コピーした情報を Gmail などのメールの文面に貼り付けて送ります。メールの宛先、件名、文面を入力して、送信します。
カレンダーから個別に招待することもできます。

● 会議を開催する

会議の時間になったらURLをクリックします。Google Meet にアクセスして、準備ができたら、「今すぐ参加」をクリックします。マイクやカメラの使用許可を確認する画面が表示されたら、「許可」をクリックします。

Google Meet が起動し、自分のカメラの映像が表示されます。次ページの表で画面上の各ボタンの操作を説明します。

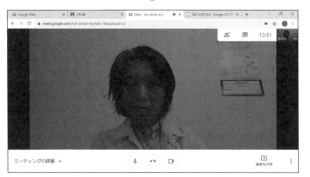

名称	アイコン	操作
全員を表示	🧑⁵	参加者の状況を一覧で確認できる
全員とチャット	💬	参加者と文字でメッセージをやりとりできる
時計	14:12	現在の時刻が表示される。ウィンドウのサイズによっては表示されない
あなた	[あなた]	自分の映像をメイン画面に固定表示できる
レイアウトの変更	[アイコン]	参加者の映像の表示方法を変更する。「その他のオプション」をクリックして表示されるメニューからも選択できる
ミーティングの詳細	ミーティングの詳細 ∧	このミーティングのURLなどの情報を表示する
マイクをオフにする	🎤	クリックすると、自分の音声がミーティングに流れないようにできる。解除するには再度クリックする
通話から退出	📞	クリックすると、ミーティングから退出できる
カメラをオフにする	📹	クリックすると、自分の映像がミーティングに流れないようにできる。解除するには再度クリックする
画面を共有	画面を共有	自分のパソコンの画面や個別のアプリ、ブラウザーのタブを参加者の画面に表示できる
その他のオプション	⋮	各種設定や、ホワイトボードの呼び出しなどができる

参加者から参加のリクエストが届いたら、「一覧を表示」をクリックします。

リクエストを承認するには、個別に「承諾」をクリックするか、「すべて承認」をクリックします。

ヒント

意図しない相手からの参加があった場合は「拒否」をクリックします。

参加者が順に画面に表示されます。ユーザーの参加状況を確認するには、画面右上の「全員を表示」アイコンをクリックします。

ユーザーの参加状況が一覧表示されます。

「チャット」をクリックすると、文字を使ったコミュニケーションが行えます。

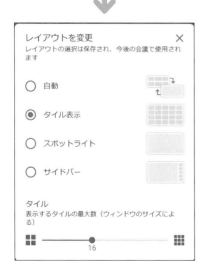

画面の表示方法は、画面右上の「レイアウトの変更」アイコンをクリック（あるいは、「その他のオプション」アイコンをクリックして表示されるメニューから選択）すると表示されるメニューで変更できます。「タイル表示」は、参加者の顔を並べて表示できます。話者を大きく表示するには、「スポットライト」を選択します。

● 画面を共有する

「画面を共有」アイコンをクリックすると、共有内容を選択できます。

「タブ」を共有した場合、ブラウザーに表示中のタブを共有できます。ここでは、Google スライドの画面を選択して、「共有」をクリックします。

Google スライドで作成した発表資料を共有します。先生が資料を共有するだけでなく、参加者の生徒がそれぞれ作成したファイルを共有することもできます。

「ウィンドウ」を共有した場合は、アプリごとのウィンドウを共有できます。

画面の共有を停止するには、「共有を停止」をクリックします。

● ホワイトボードを使って議論する

ホワイトボードを使うと、文字や手書き線を書き込みながら議論できます。画面右下の「その他のオプション」アイコンから「ホワイトボード」を選択し、表示されるメニュー画面から「新しいホワイトボードを開始」をクリックします。

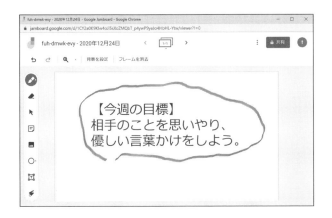

ホワイトボードが起動し、文字や図を共有することができます。議論しながらリアルタイムで書き込むことができます。

通話から退出する

ミーティングから退出するには、画面下の「通話から退出」アイコンをクリックします。左は退出後の画面です。

コラム　背景イメージを変更する

部屋の中の様子を見られたくない場合は、背景にイメージ画像を表示する方法があります。

画面右下の「その他のオプション」アイコンをクリックし、メニューから「背景を変更」をクリックします。

背景イメージを選択すると背景が変更されます。自分で用意した画像を追加することもできます。

コラム　機器の確認

音声や動画が不調な場合は、機器の設定を確認してみましょう。画面右下の「その他のオプション」アイコンから「設定」をクリックすると、「音声」「動画」の設定を確認できます。

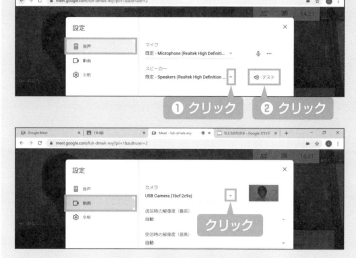

「音声」では、「マイク」と「スピーカー」について確認できます。複数の機器を接続している場合は、▼をクリックするとそれぞれを切り替えられます。また、「テスト」をクリックすると、サウンドテストができます。

「動画」では、カメラに関する設定が行えます。複数の機器を接続している場合は、▼をクリックするとそれぞれを切り替えられます。また、通信環境に応じて解像度の変更もできます。

コラム　スマートフォンやタブレットからの利用

本書では、パソコンの画面を使って操作解説を行っていますが、Google Meet はスマートフォンやタブレットでも利用することができます。iPhone、iPadの場合には、「App Store」を起動して「Google Meet」をインストールします。
Androidのスマートフォンやタブレットの場合には、「Playストア」を起動して「Google Meet」をインストールします。
利用環境によって、アイコンの配置が異なるほか、利用できる機能に違いがある場合があります。

●iPhoneの「Google Meet」

●iPadの「Google Meet」

●[生徒(参加者)側]会議に参加する

会議の参加者は、管理者からメールなどでリンクを受け取ったら、指定された日時にURLをクリックして会議に参加します。ログインがまだの場合は、46 〜47ページと同じ方法でログインします。

Google Meet の画面が表示されたら、「参加をリクエスト」をクリックします。

04 ▶ 教材や発表資料の作成と共有

G Suite for Education には、ワープロの「Google ドキュメント」、表計算の「Google スプレッドシート」、プレゼンテーションの「Google スライド」などのアプリが含まれています。その中からスライドで発表資料を作り、共有する手順を見てみましょう。資料は共有して閲覧するだけでなく、同時に参加して編集することもできます。

● 資料を作成して共有する

ブラウザーアプリで Google のページにアクセスしたら、アプリの一覧から「スライド」をクリックします。

プレゼンテーションの画面が開いたら、タイトルや文章を入力したり、画像を貼り付けたりして資料を作成します。

完成した資料を共有したい場合は、「共有」をクリックします。

共有したい相手のメールアドレスやグループ名を入力し、メッセージを記入します。アドレス横の▼をクリックすると、共有相手の権限を設定できます。

「閲覧者」「閲覧者（コメント可）」「編集者」のいずれかを設定し、「送信」をクリックします。

権限	操作
閲覧者	ファイルの閲覧のみ可
閲覧者 （コメント可）	ファイルの閲覧・コメントが可
編集者	ファイルの閲覧・編集が可

● 共有されたファイルにアクセスする

共有された相手も、ファイルを見ることができるようになります。

共有した参加者が複数人で同時にファイルを開くこともできます。

編集内容はリアルタイムでお互いに確認できます。さらに、テキストメッセージでやりとりしながら編集もできます。

05 クラス管理と課題の提供、採点

Google Classroom を使うと、クラスごとに参加者を管理できます。そして、オンラインで課題の提供や評価、選択式のアンケートの作成なども可能です。

クラスの作成とメンバーの追加

Googleのページにアクセスしたら、アプリの一覧を表示して、「Classroom」アイコンをクリックします。

初めて利用するときに確認画面が表示されたら、「続行」をクリックします。

ヒント

G Suite for Education の場合この後、役割を選びます。先生は「私は教師です」を選択してください。生徒が参加するときには、「私は生徒です」を選択します。

61

「＋」をクリックすると、クラスを作成できます。

Classroom を学校で利用するには、G Suite for Education アカウントが必要なこと、その場合は学校という環境で重要なプライバシー保護やセキュリティ対策も追加で提供されることを確認します。

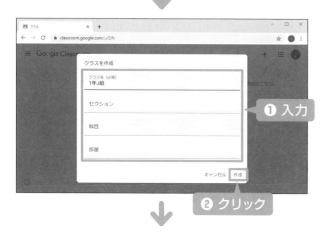

「クラスを作成」画面では、クラス名、セクション、科目、部屋の情報を入力します。入力したら「作成」をクリックします。

管理画面が表示されます。最初に
クラスのメンバーを登録するため
に、「メンバー」をクリックします。

生徒を追加します。右の「+」を
クリックします。

メンバーページに招待する生徒を
選び、「招待する」をクリックし
て、参加用のクラスコードを知ら
せます。

招待を送ったメンバーからの承認を待ちます。

●[生徒(参加者)側]招待を受け取ったら

生徒がメールで招待を受け取ったら、「参加」をクリックします。

確認画面が表示されたら、「参加」をクリックします。

クラスに参加することができました。

● [先生(管理者)側] 参加の確認

生徒が承諾して参加したことを確認します。

「ストリーム」では、クラス全体に知らせたいメッセージを入力できます。50ページでは、Google Meet の案内をストリームで送っています。

● 課題の作成

「授業」では、クラスに課題を出題できます。「作成」をクリックします。

メニューから「課題」をクリックします。

課題のタイトルと詳細を入力します。

必要に応じて添付ファイルを用意できます。「作成」のメニューでファイルを作成するアプリを指定します。

あらかじめ用意したファイルを指定することもできます。「追加」のメニューから、Google ドライブに保存したファイルや、パソコンで用意したファイルを指定できます。

課題の添付ファイルを用意します。

ファイルの共有方法を指定します。

生徒は、ファイルの閲覧のみ、編集も可能など、制限を設定することができます。

課題の提供対象などを確認し、「課題を作成」をクリックして共有します。

クラスへの連絡事項はストリーム
画面で一覧できます。

課題の回収と評価

「授業」を開くと提出状況を確認
できます。「課題を表示」をクリッ
クします。

課題の提出内容を確認できます。
個別にクリックして内容を確認し
ます。

内容を確認して、成績を付けることができます。相手だけに見えるコメントも入力できます。確認が終わったら、「返却」をクリックします。

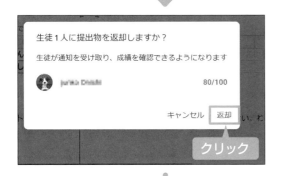

メッセージが表示されるので「返却」をクリックします。採点結果の返却が生徒に通知されます。

「採点」を開くと、課題の採点結果を一覧できます。

アンケートの作成

アンケート資料を作成するには、「作成」のメニューの「質問」をクリックします。

形式は「記述式」と「選択式」から選択できます。

質問と課題の詳細を入力します。

● アンケートの回収

「授業」を開くと提出状況を確認できます。「質問を表示」をクリックします。

アンケートの投票結果を確認できます。

操作編

第 **3** 章

Office 365 Education 操作ガイド

［執筆：池田利夫］

Office 365 Education を構成するアプリ

Office 365 Education には、オンラインの授業や学習を実現するための複数のアプリが含まれています。Excel や PowerPoint などの Office アプリのほか、オンライン会議を実現する Microsoft Teams などが利用できます。主なアプリとその機能について見てみましょう。

　Office 365 Education に含まれる主なアプリとその機能について、次ページの表にまとめました。いずれも、Microsoft アカウントでサインインすることで利用できます。無料で利用できる Office 365 A1 サービスの場合、Excel や PowerPoint などの Office アプリは、ブラウザーアプリ上で Web アプリとして使用することができます。

　無料の Office 365 A1 のほかに、機能やセキュリティを追加した有料版の Office 365 A3、A5 もあります（A3：学生年額3240円、教員年額4200円、A5：学生年額7800円、教員年額10440円など）。

　利用するハードウエア環境には、Windows や Mac のパソコン、Chromebook、iPhone や iPad、Android のスマートフォンやタブレットを用います。

　本書では、Microsoft アカウントがあれば無料で利用できる Office サービスを使って解説しながら、Office 365 Education で特徴的な操作は随時解説を加えています。そして、アプリとして Microsoft Teams、PowerPoint などの機能について、利用の流れをイメージできるように、基本的な解説を行っています。各アプリの詳細な解説については、Office アプリを解説する他書籍も参考にしてみてください。

Microsoft Office 365 Education（マイクロソフト）関連のアプリ／サービス

アプリ／サービス名	主な機能	教材制作・共有	コミュニケーション	学習管理・成績管理
Microsoft Teams	授業で使えるツールをまとめたクラウドサービス。チャット、オンライン授業、ファイル共有、協働編集、デジタルノート管理、小テスト・アンケート、課題の提出・採点などの機能が利用できる。		◯	◯
Microsoft Word	文書や資料を作成できるアプリ。複数人での協働編集もできる。	◯	◯	
Microsoft Excel	表計算アプリ。数値データの集計や分析などを行う。複数人での協働編集もできる。	◯	◯	
Microsoft PowerPoint	プレゼンテーションアプリ。プレゼンテーション用の資料やグラフ、表などをスライド形式で作成できる。複数人での協働編集もできる。	◯	◯	
Microsoft Forms	アンケートや小テストを作成できる。回答の即時集計機能やExcelへのエクスポート機能もある。	◯	◯	◯
Microsoft Planner	タスク管理アプリ。プランの作成、タスクの整理や割り当て、ファイルの共有、進捗状況の更新などができる。			◯
Microsoft Outlook	電子メールの作成や送受信を行うメールアプリ。		◯	
Microsoft OneDrive	クラウドストレージ。複数のデバイスでファイル共有やファイルのバックアップができる。容量無制限。	◯		
Microsoft OneNote	クラウドに保存できるデジタルノートアプリ。テキストや手書き文字、画像、図形、表、録音、録画など、さまざまな情報をまとめることができる。複数で協働編集、閲覧も可能。	◯		
Microsoft SharePoint	チーム内でのファイル共有や協働作業、コミュニケーションができるアプリ。	◯		◯
Microsoft Stream	動画共有サービス。教材動画や発表動画をアップロードして、視聴・共有できる。	◯	◯	
動作環境	Chromebook、iPad、Windows PC などのパソコンや、iPhone、Android などのスマートフォンから、マルチOS、マルチプラットフォームの環境で利用可能。Word、Excel、PowerPoint、OneNote などオフラインでも利用できる。			
料金とシステム	教育機関は Office 365 A1のサービスを無償で利用できる。Web から利用申請を行い、教育機関であることの確認がされると「テナント」と呼ばれる Office 365 の環境が取得できる。教員や児童生徒など利用者ごとにアカウントを発行してサービスを利用開始できる。機能やセキュリティを追加した有料の利用プラン Office 365 A3、Office 365 A5 もある。			

Office 365 Education の導入に必要な手続きと手順について、確認しておきます。教育機関であれば、承認を受けて基本機能の Office 365 A1 サービスを無料で使うことができます。ここでは流れだけを確認し、実際にはマイクロソフトから提供される資料などを確認しながら、手続きや設定を行ってください。

Office 365 Education の利用申請を行い、教育機関であることが確認されると「テナント」と呼ばれる Office 365 の環境が取得できます。利用者ごとにアカウントを発行することで、利用を開始できます。

登録ステップ1　ドメイン名の確認

申請するための情報として、学校のホームページの情報であるドメイン名を確認しておき、管理者のIDとパスワード、教育機関を表すメールアドレス（ed.jp、ac.jp など）を準備します。

登録ステップ2　申し込み

Office 365 Education のページ（下記 URL）にアクセスし、学校のメールアドレスを入力して、申請を開始します。続けて、ガイドに従って、準備した申請に必要な情報を入力していきます。

https://www.microsoft.com/ja-jp/education/products/office

登録ステップ3　審査

　マイクロソフトは、教育機関に適合しているかどうかを審査します。必要に応じて、Office 365 管理センターから電話もしくはメールで問い合わせがあります。Office 365 A1 の利用希望であることを伝えます。審査のためのサポートチケット番号と確認項目がメールで届くので、記入して審査受付を完了し、審査完了の連絡を待ちます。

登録ステップ4　購入手続き（無料）

　Office 365 A1 教職員用の購入手続きを行います。「支払う」ボタンの選択がありますが、A1 サービスは無料です。同様に、無料の Office 365 A1 児童/学生用を続けて入手します。

登録ステップ5　ユーザー登録

　登録するユーザーリストのファイルを作成し、Office 365 の利用者アカウントとして読み込ませて登録します。

03 オンラインコミュニケーションの実現

Teams を使うと、テレビ電話のように相手の顔を見ながらオンラインでコミュニケーションできます。オンライン授業や朝の会、先生同士のミーティングでも活用できます。

　Teams でホストになって生徒を招待するには、専用アプリのダウンロードが必要です。デスクトップ版のほか、モバイル版もあります。招待される生徒側は、専用アプリを使うほか、ブラウザーアプリ上から会議にアクセスすることもできます。

アプリのダウンロードとインストール

Microsoft Teams のページ（下記URL）で専用アプリをダウンロードします。ここでは、「デスクトップ版をダウンロード」をクリックします。

https://www.microsoft.com/ja-jp/microsoft-teams/download-app

「Teamsをダウンロード」をクリックします。

「開く」をクリックして、ダウンロードしたファイルを開き、インストールします。

学校から配布された Office 365 Education の アカウントを入力して、「サインイン」をクリックします。

パスワードを入力して、「サインイン」をクリックします。

「Teamsに新規登録」をクリックします。

「無料でサインアップ」をクリックします。

Teams のセットアップのために、メールアドレスを入力し、「次へ」をクリックします。

Teamsの用途を選択して「次へ」をクリックします。

教育用途の場合は、Office 365 Education のサインアップを実行します。

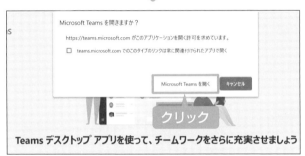

「Microsoft Teamsを開く」をクリックします。

コラム Office 365 Education では チームの種類を設定できる

Office 365 Education の場合、最初にチームを作成して、チームの種類を設定します。学校ならではの、「クラス」「PLC」「スタッフ」 などのチームの種類を選択できます。

メニューの「チーム」アイコンをクリックして、「チームを作成」をクリックします。

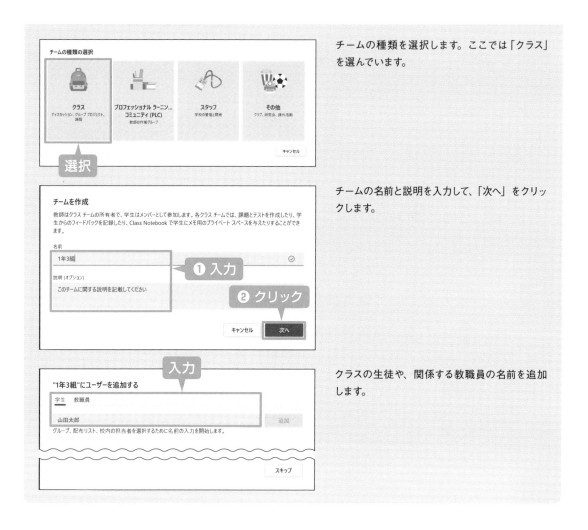

チームの種類を選択します。ここでは「クラス」を選んでいます。

チームの名前と説明を入力して、「次へ」をクリックします。

クラスの生徒や、関係する教職員の名前を追加します。

Teams の参加者を招待

Teams が起動します。参加を呼びかけたいユーザーには、リンクをコピーして、メールやメッセージで送信します。ここでは、「OK」をクリックして、続く手順の中で参加者を招待することにします。

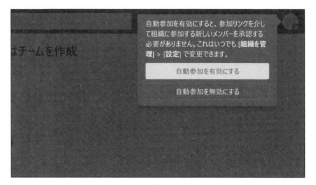

新しいメンバーの自動参加を有効にするか、その都度承認するかを選択します。「自動参加を無効にする」を選択すると、意図しない参加者からのアクセスを防ぐことができます。

クリック

Teamsの参加者を招待するには、「ユーザーを招待」をクリックします。

① 入力

③ クリック

② クリック

招待したい参加者のメールアドレスを入力します。「ユーザーを追加」をクリックすると、入力欄を追加できます。入力できたら、この画面の下にある「招待状を送信」をクリックします。

ヒント

Microsoft アカウントや Google アカウントの連絡先から招待する方法、メールにリンクを貼って招待する方法もあります。

操作編 第3章 Office 365 Education 操作ガイド

会議に招待する

メンバーを会議に招待するには、「会議」をクリックします。

最近のノートパソコンには、液晶画面の上部分にカメラが内蔵されていることが多いので、カメラはこれを利用できます。カメラが内蔵されていない場合は、USB接続のカメラなどを別途自分で用意する必要があります。

Office 365 Education の場合、メニューの「カレンダー」アイコンをクリックし、「新しい会議」をクリックします。会議のタイトル、出席者、日時、場所、会議の詳細などを設定します。

学級会や発表会などの授業のスケジュールを決めたら、「会議をスケジュールする」をクリックします。

会議の開始日時と終了日時を設定して、「スケジュール」をクリックします。

会議のリンクをコピーするか、カレンダーで共有することで、メンバーにスケジュールを知らせます。

```
Microsoft Teams の会議への参加に参加に招待されました

タイトル: ikedatoshio さんの Teams 会議

コンピューターまたはモバイルアプリで会議に参加する
https://teams.microsoft.com/l/meetup-
join/19%3ameeting_Mjc2ZTkOMTYtMWRkMiOOOWRjLTk2NjYtNTgOZjM4ZmRiODEx%40thread.v2/0?context=%7b%22Tid
%22%3a%22c21cfae5-6a08-4583-9aab-d1324d907fb0%22%2c%22Oid%22%3a%2270a3e5ce-9bfc-4da5-9098-
39f80da3a8be%22%7d

会議オプションでプライバシー設定を管理する（開催者のみ）
https://teams.microsoft.com/meetingOptions?language=ja-jp&tenantId=c21cfae5-6a08-4583-9aab-
d1324d907fb0&organizerId=70a3e5ce-9bfc-4da5-9098-
39f80da3a8be&threadId=19_meeting_Mjc2ZTkOMTYtMWRkMiOOOWRjLTk2NjYtNTgOZjM4ZmRiODEx@thread.v2&messageI
d=0&correlationId=webclient:60055a17-ed67-4df0-9ad5-b44e1bc6a216|
```

コピーした会議のリンクは、チームの投稿やチャットに貼り付けて共有するか、メール本文に貼り付けて送信します。

会議の実施

会議開始の日時になったら、開催者もリンクをクリックします。
Teams が起動して、会議を開始できます。「今すぐ参加」をクリックします。

セキュリティに関するメッセージが表示されたら、「アクセスを許可する」をクリックします。

メンバーが参加したら、「参加許可」をクリックします。

参加したメンバーが順に表示されます。下の表に画面上のボタンと操作についてまとめます。

名称	アイコン	操作
参加者を表示		参加者のアクセス状況を一覧表示できる
会話の表示		文字を使ったメッセージのやりとりができる
手を挙げる		発言するときに手のマークを表示できる
ブレイクアウトルーム		グループごとのミーティングを実施できる
その他の操作		設定や表示方法の切り替えができる
カメラをオフにする		クリックするとカメラをオフにできる。解除するには再度クリックする
ミュート		クリックするとマイクをオフにできる。解除するには再度クリックする
コンテンツを共有		パソコンに表示しているアプリの画面を共有して見せることができる
退出	退出	会議を退出する

「参加者を表示」アイコンをクリックすると、メンバーを一覧で確認できます。マイクのミュート状況なども知ることができます。

「会話の表示」アイコンをクリックすると、「会話チャット」の画面でメッセージをやりとりできます。

参加者が発言する場合は「手を挙げる」アイコンをクリックします。挙手で知らせることができます。

「その他の操作」アイコンをクリックすると、表示方法を切り替えられます。「ギャラリー」「大ギャラリー」「集合モード」などが用意されています。

「集合モード」の表示です。あたかも同じ空間にいるように表示されます。

スマートフォンやタブレットからの利用

本書では、パソコンの画面を使って操作解説を行っていますが、Microsoft Teams はスマートフォンやタブレットでも利用することができます。iPhone、iPad の場合は、「App Store」を起動して「Microsoft Teams」をインストールします。Android のスマートフォンやタブレットの場合は、「Play ストア」を起動して「Microsoft Teams」をインストールします。

利用環境によって、アイコンの配置が異なるほか、利用できる機能に違いがある場合があります。

●iPhoneの「Microsoft Teams」

●iPadの「Microsoft Teams」

ミーティングでコンテンツを共有するには、「コンテンツを共有」アイコンをクリックします。表示されるアプリのウィンドウから選択します。

選択した画面が表示され、共有できます。学級会や朝の会などでも利用できます。

OneDrive やコンピューターに保存しているファイルを選択して、画面上で共有することもできます。

OneDrive に保存しているファイルを共有しました。あらかじめ作成した発表用資料などを見せることができます。

自宅の部屋などを見せたくない場合は、背景にイメージ画像を設定できます。

クリック

「その他の操作」アイコンをクリックし、メニューから「背景効果を適用する」をクリックします。

表示される背景イメージを選択するほか、新規に追加することもできます。

[生徒（参加者）側] ミーティングに参加

❷ クリック

❶ クリック

Teamsのカレンダーで会議の予定をクリックし、「参加」をクリックします。メールで案内が届いた場合は、メール内のリンクをクリックして参加することもできます。

参加方法を選びます。アプリをダウンロードしない場合は、「このブラウザーで続ける」をクリックします。

ヒント

アプリをダウンロードして利用する方法と、ブラウザーからアクセスする方法を選択できます。ここでは、ブラウザーを選択しています。

接続するアカウントを選択します。このあとパスワードを入力します。

2段階認証される場合は、メールに届いたコードを入力して、「確認」をクリックします。

「今すぐ参加」をクリックして、会議室に入室します。

ブレイクアウトルームの作成

班ごとに討論できるブレイクアウトルームを作成するには、「ブレイクアウトルーム」アイコンをクリックします。左の画面が表示されます。グループ分けは「自動」または「手動」を選択できます。あらかじめ班分けされている授業で使う場合は、「手動」を選択して「会議室を作成」をクリックします。

ブレイクアウトルームが作成され
ます。ルームを増やすには「ルー
ムを追加」をクリックします。

「参加者の割り当て」をクリック
するとメンバーが表示されるので、
チェックを入れて「割り当てる」を
クリックします。

選択した順に、割当先のルームの
番号を選択します。

メンバーの割り当てができました。

開催者がグループに参加する場合
は、「開く」をクリックします。

「ミーティングに参加」をクリック
します。

ルームに参加しました。ブレイク
アウトルームを終了するには「会
議室の終了」をクリックします。

ミーティングの終了

ミーティングを終了する場合は、
「退出」をクリックして、表示され
るメニューの「会議を終了」をク
リックします。

Office 365 Education では、作成中のファイルを共有して、仲間と一緒に仕上げることができます。ここでは、PowerPoint で発表資料を作成する様子を見てみましょう。

発表資料の作成

Office 365 のページにアクセスします。

アプリを選択します。ここでは「PowerPoint」をクリックします。

テーマを選択したり、作成中のファイルを読み込んだりします。

スライドを作成します。タイトルや文字を入力したり、画像を貼り付けたりします。

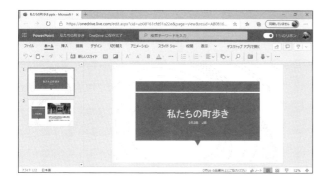

作成中のファイルを同じ班のメンバーと共有してみましょう。

発表資料の共有

画面左上の「ファイル」をクリックし、表示されるメニューの「共有」を選択し、「共有する」をクリックします。

共有したい相手の名前やメールアドレスを入力します。メッセージを入力したら、「送信」をクリックします。

協働で編集

メンバーは共有されたファイルにアクセスできます。このファイルは同時に編集が可能です。

相手が編集中の箇所は、枠で囲んで表示されます。「コメント」アイコンをクリックすればコメント欄が表示され、メッセージをやりとりしながら編集することも可能になります。

05 アンケートのフォームの作成

Forms では、アンケートや招待のフォームを簡単に作ることができます。ここでは、修学旅行の行き先アンケートを作ってみます。

アンケートフォームの作成

アプリの一覧から「Forms」をクリックします。

ここでは「新しいフォーム」を選択します。テンプレートを選択してはじめることもできます。

ヒント

Office 365 Education の場合、Form の画面で「新しいクイズ」の「v」をクリックし、「新しいフォーム」を選択して、アンケートフォームなどを作成します。

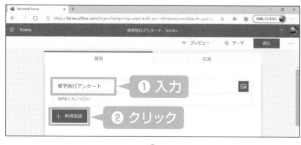

アンケートのタイトルを入力したら、「新規追加」をクリックします。

ここでは「選択肢」を選択しています。

選択項目を設定します。ここでは修学旅行の行き先を設定します。

ヒント

アンケートの背景イメージも設定できます。

アンケートが作成できたら「送信」をクリックします。リンクをコピーして、メッセージやメールに貼り付けて送信します。

アンケート結果の回収

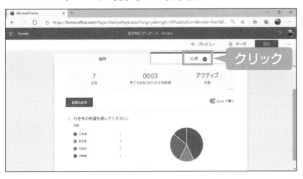

「応答」をクリックしてタブを開くと、アンケートの集計結果を確認することができます。

操作編

第4章

Zoom 操作ガイド

［執筆：池田利夫］

01 ▶ Zoom を使ってできること

G Suite for Education や Office 365 Education が複数のアプリを統合したサービスであったのに対し、Zoom はオンラインミーティングだけの単機能です。登録が必要なのはミーティング開催者のホストのみなので、利用の開始は簡単です。

　Zoom を利用するには、最初に開催者となるホストがアカウントの登録を行います。参加者は、特別な登録をしなくても使い始めることができます。また、ホストは既に持っているGoogle アカウントなどを使って、サインインすることも可能です。

　基本機能は無料で利用できますが、ミーティングに3人以上参加する場合は、40分までという利用制限があります。小学校の授業時間とほぼ同じですが、これ以上の時間を利用したい場合は有料プランを選択します。有料プランには利用時間の制限もなく、同時接続人数も増やすことができます。

　利用するハードウエア環境には、Windows や Mac のパソコン、Chromebook、iPhone やiPad、Android のスマートフォンやタブレットを用います。

Zoom（Zoom Video Communications）関連のアプリ／サービス

アプリ／サービス名	主な機能	教材制作・共有	コミュニケーション	学習管理・成績管理
Zoom ミーティング	ビデオ会議アプリ。画面共有機能により、資料を見せながらのオンライン授業にも対応。主催者がIDとパスワードを発行すれば、アカウントを持たないユーザーも参加できる。無料版は、100名まで同時接続が可能。		○	
動作環境	Windows、MacなどのPC端末、iPad、Androidのタブレット端末など。マルチOS、マルチプラットフォームの環境で利用可能。PCではブラウザーまたは専用アプリ、スマートフォンやタブレットでは専用アプリを使用する。インターネット接続環境が必要となる。			
料金とシステム	無料プランで基本的な機能は利用可能。3人以上で利用する場合は40分までの時間制限がある。有料プランでは、利用時間の制限がなく、同時接続人数を300人、1000人などに増やすことができる。有料プランには、「大規模ミーティング500」（年間8万400円）、「大規模ミーティング1000」（年間14万5200円）などがある。教育向け Zoom のプランについては、セールス担当者にお問い合わせください。			

Zoom ミーティングを 開始する準備

最初に、Zoom のサイトにアクセスして、サインアップとプログラムのダウンロード、インストールを行います。

● ミーティング開催者の登録

Zoom のサイト（下記URL）にアクセスしたら、「サインアップは無料です」をクリックします。

https://zoom.us/jp-jp/meetings.html

サインアップがスタートします。検証のための誕生日を入力したら、「続ける」をクリックします。

ヒント

サインアップが必要なのはホストのみです。参加者は登録なく利用できます。

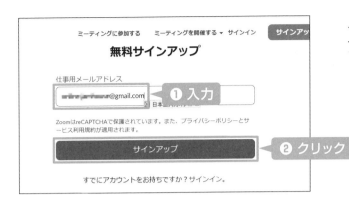

メールアドレスを入力して、「サインアップ」をクリックします。

Google や Facebook のアカウントを持っている場合は、ページを下にスクロールして、これらのアカウントでサインインすることもできます。

online.janhouse@gmail.comにメールを送信しました。
Zoomを開始するには、メール内の確認リンクをクリックします。

メールが届かない場合は、
別のメールを再送信

登録したメールアドレスにメールが送られたことが表示されます。

メールソフトを起動して、Zoomからの案内を確認したら、「アカウントをアクティベート」をクリックします。

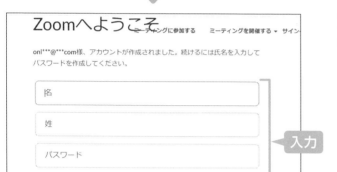

アカウントに登録する氏名やパスワードを入力します。

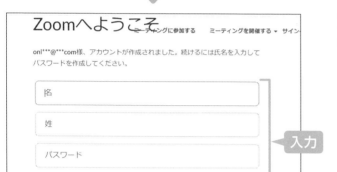

ZOOM　ソリューション ▾

○ はい　　○ いいえ

ミーティングに参加する　　ミーティングを開催する ▾　サインイン

☐ 学校やその生徒のメリットの教育目的のために、Zoom教育機関K-12
（幼稚園から高等学校までの教育機関）を使用することに同意します

☐ サービス利用規約に同意します

☐ Zoomの幼稚園から高校までの学校と学区のプライバシーポリシーに記載されている情報の慣行に同意します

☐ 上記の名前の学校の代わりにアカウントを作成するために自分が承認されていることを確認します

サインアップすることで、プライバシー方針およびサービス規約にに同意したことになります。

続ける　　　　クリック

下方にスクロールして、サービス規約などを確認してチェックを入れたら「続ける」をクリックします。

ここで仲間の登録もできますが、スキップして、後から登録することもできます。

参加を呼びかける前にテストミーティングを実施しておきましょう。「Zoomミーティングを今すぐ開始」をクリックします。

最初だけ、プログラムをインストールする必要があります。「今すぐダウンロードする」をクリックします。

ダウンロードが完了したら、ミーティングを起動する前に、プログラムをインストールします。

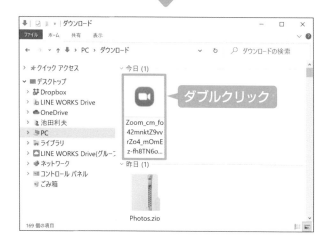

多くの場合、「ダウンロード」フォルダにファイルが保存されているので、ダブルクリックして実行します。

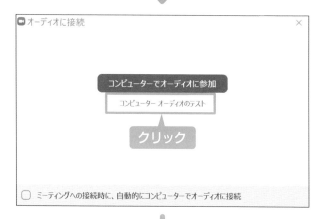

プログラムがインストールされたら起動します。「コンピューターオーディオのテスト」をクリックします。

スピーカーから着信音が聞こえます。確認できたら「はい」をクリックします。

ヒント

サウンドが聞こえない場合は、コンピューターのボリュームを確認してください。また、「スピーカー1」の項目で「∨」をクリックして、いくつかのスピーカーを選択できる場合には、選択してみてください。

コンピューターにマイクが付属している場合は話をしてみます。話をやめて返答が聞こえたら「はい」をクリックします。

ヒント

うまくいかない場合は「マイク1」を切り替えてみてください。コンピューターにマイクの付属がない場合は、別途自分で用意する必要があります。スマートフォン用のイヤフォンには、ネック部分にマイクが付属している場合もあります。

スピーカーとマイクが良好であることを確認できたら、「コンピューターでオーディオに参加」をクリックします。

Zoom の画面が表示されます。「ビデオの開始」アイコンに赤い斜線が引かれている場合は、クリックして解除します。

自分の顔が表示されたことを確認します。

ヒント

最近のノートパソコンには、液晶画面の上部分にカメラが内蔵されていることが多いので、カメラはこれを利用できます。カメラが内蔵されていない場合は、USB接続のカメラなどを別途自分で用意する必要があります。

カメラの位置や傾きを調整しましょう。Zoom のウィンドウにマウスポインターを重ねると、画面下方に操作のためのアイコンが表示されます。各機能については、111ページの解説を参照してください。

操作編 第4章 Zoom 操作ガイド

Zoom ミーティングには、直ちに開催するほか、スケジュールを作成して参加を呼びかける方法もあります。オンライン授業の場合は、あらかじめ学級会や発表会の日時を設定して、参加者に案内を出す方法になります。

● ミーティングに招待する

Windows 10 のデスクトップアイコンや、スタートメニューからZoom アプリを起動します。起動したら、最初だけ「サインイン」をクリックします。

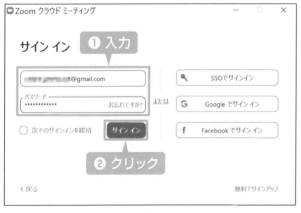

登録したメールアドレスとパスワードを入力して「サインイン」をクリックします。「次でのサインインを維持」にチェックを入れておくと、次回から入力を省けます。

ヒント

Google や Facebook のアカウントで登録した場合はそちらをクリックします。

Zoom アプリが表示されたら、「スケジュール」をクリックします。その他のボタンと機能についてまとめます。

名称	機能
新規ミーティング	ミーティングをすぐに開始できる
参加	開催中のミーティングに参加する
画面の共有	ミーティングを開始して、パソコンの画面を共有する

ミーティングのスケジュールを作成します。次ページの表で設定項目を簡単に説明します。
設定できたら「保存」をクリックします。

項目	説明
トピック	必要に応じて、ミーティングのタイトルなどを入力する。最初に表示されているままでもよい
開始日時	ミーティングを開始する日時を設定する
持続時間	ミーティングの時間を設定する。無償利用の場合、3人以上のミーティングで設定できるのは40分まで
ミーティングID	「自動的に生成」のままでよい
セキュリティ	パスコードが自動で作成される。「待機室」にチェックがあると、参加者はホストが許可するまで待機することになる
ビデオ	映像会議の場合は「ホスト」「参加者」のカメラをそれぞれオンにする。Zoom の操作画面から個別にオフにすることもできる
カレンダー	Outlook や Google カレンダーにスケジュールを登録できる。必要なければ「他のカレンダー」にしておく

登録内容が表示されるので、「クリップボードにコピー」をクリックします。

ミーティングに招待するには、メールの作成画面にコピーした情報を貼り付けて送信します。参加者はメールにあるリンクをクリックするか、Zoom アプリを起動して、ミーティングIDとパスワードを入力すると、ミーティングに参加できます。

ミーティング中に班ごとの話し合いの時間などを取りたい場合は、「ブレイクアウトルーム」を活用できるように
しておきます。Zoom のホームページからサインインして設定画面にアクセスしたら、「ブレイクアウトルーム」
をオンにしておきましょう。

Zoom のホームページ（下記URL）からサ
インインしたら、「設定」の「ミーティング」
を選択します。
https://zoom.us/signin

下方にスクロールして、「ブレイクアウトルー
ム」をオンにして、「保存」をクリックします。

操作編 第4章 Zoom 操作ガイド

04 Zoom ミーティングを開始する

設定した日時が近づいたら、Zoom アプリを起動しましょう。ホストとなる先生は参加する生徒が戸惑わないように、少し早め（5分前くらい）にミーティングを開始しておくとよいでしょう。

● ミーティングを開始する

設定したミーティングの時間が近づいたら、Zoom アプリを起動します。直近のスケジュールが表示されていたら「開始」をクリックします。

「コンピューターでオーディオに参加」をクリックします。

待機室を設定している場合は、参加の可否を個別に許可します。

参加したメンバーが順に表示されます。下の表に画面上のボタンと操作についてまとめます。

名称	アイコン	操作
ミュート	ミュート	クリックすると自分の音声がミーティングに流れないようにできる。解除するには再度クリックする
ビデオの停止	ビデオの停止	クリックすると自分の映像がミーティングに流れないようにできる。解除するには再度クリックする
セキュリティ	セキュリティ	参加者の機能や待機室の有効／無効などを切り替える
参加者	参加者	参加者の氏名や接続状況を表示できる
チャット	チャット	チャット画面を表示して、文字を使ったメッセージのやりとりができる
画面の共有	画面の共有	パソコン画面や個別のウィンドウを指定して、ミーティング参加者と共有できる
レコーディング	レコーディング	ミーティングの様子を動画に保存できる
ブレイクアウトルーム	ブレイクアウトルーム	グループごとのミーティングを実施できる
反応	反応	拍手や賛成などの反応をアイコンで表示できる

「参加者」アイコンをクリックすると、参加者の状況を一覧できます。マイクやカメラが有効かどうかも確認できます。

「チャット」アイコンをクリックすると、テキストでメッセージ交換できます。会議の議題を書き込むなどできるほか、ここからファイルの共有もできます。

「ファイル」をクリックするとメニューが表示されるので、ここから共有するファイルを指定します。

コラム スマートフォンやタブレットからの利用

本書では、パソコンの画面を使って操作解説を行っていますが、Zoom はスマートフォンやタブレットでも利用することができます。iPhone、iPadの場合には、「App Store」を起動して、「ZOOM Cloud Meetings」をインストールします。
Androidのスマートフォンやタブレットの場合には、「Playストア」を起動して、「ZOOM Cloud Meetings」をインストールします。
利用環境によって、アイコンの配置が異なるほか、利用できる機能に違いがある場合があります。

●iPhoneの「ZOOM Cloud Meetings」

●iPadの「ZOOM Cloud Meetings」

ビデオの表示方法を切り替えるに
は「表示」をクリックします。
「ギャラリービュー」は参加者の顔
が小画像で表示されます。
「スピーカービュー」は話者の顔が
クローズアップされます。

スピーカービューの画面です。話
者の音声に反応して自動で拡大さ
れます。

● 画面を共有する

画面下部の「画面の共有」アイコ
ンをクリックすると、現在画面で
開いているウィンドウが一覧表
示されます。共有するウィンドウ
を選択して「共有」をクリックし
ます。

ヒント

「画面」を選ぶと、デスクトップ全体を
共有できます。

共有したウィンドウが画面に表示されます。発表会の資料など、共有して議論する場合などに便利です。終了するには「共有の停止」をクリックします。

参加者側の画面です。選択したウィンドウの画面を同じように見ることができています。

共有を停止して、別の画面に切り替えて表示することもできます。

ヒント

ホスト以外の参加者が画面を共有できない場合には、設定を変更します。「画面の共有」アイコンの右にある「＾」をクリックし、「高度な共有オプション」を選択します。設定画面が開いたら、「共有できるのは誰ですか？」の項目で「全参加者」を選択します。

高度な共有オプション...   ×

同時に共有できる参加者は何名ですか？
● 同時に1名の参加者が共有可能
○ 複数の参加者が同時に共有可能 (デュアルモニターを推奨)

共有できるのは誰ですか？
○ ホストのみ ● 全参加者

他の人が共有している場合に共有を開始できるのは誰ですか？
● ホストのみ ○ 全参加者

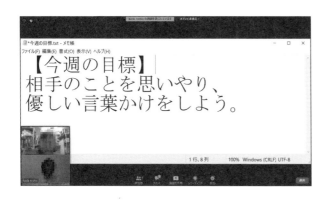

共有中の画面です。朝の会などさまざまな場面で活用できます。

● ホワイトボードを活用する

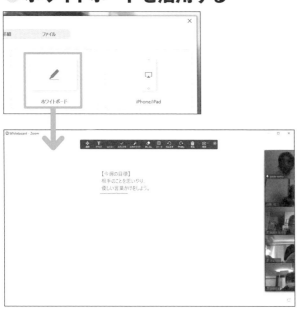

「画面の共有」から「ホワイトボード」を選択すると、白板のような画面上で、文字や手書き線を使って情報を共有できます。

● 会議を終了する

会議を終了するには、「停止」をクリックして、「全員に対してミーティングを終了」をクリックします。

●[生徒(参加者)側] ミーティングに参加

ホストからの招待メールが届きます。開始時間になったら、URLのリンクをクリックします。

ヒント

Zoom ミーティングの参加者は、ミーティングの時間になったら招待メールのリンクをクリックします。最初だけ、ツールのダウンロードとインストールがありますが、後はスムーズに実行できます。

最初だけ、アプリのダウンロードが自動実行されます。ダウンロードされたら「ファイルを開く」をクリックします。

インストールが実行されます。

「Zoom Meetings を開く」をク
リックします。

ミーティングに表示される名前を
入力して、「ミーティングに参加す
る」をクリックします。

「ビデオ付きで参加」をクリックし
ます。ホストが待機室を設定して
いる場合は、了承されるのを待ち
ます。

ビデオやオーディオの準備

ミーティングに参加する前に、ビデオ（カメラ）やオーディオ（マイクとスピーカー）の状態を確認しておきましょう。Zoom アプリを起動して設定画面を開いたら、「ビデオ」と「オーディオ」を選択します。

「オーディオ」で「スピーカーのテスト」をクリックすると、サウンドが聞こえます。「マイクのテスト」をクリックしてしゃべると、しばらくして繰り返し再生されます。

「ビデオ」を選択すると、カメラの撮影状況を確認できます。

「背景とフィルター」を選択すると、背景画像を選択できます。部屋を見せたくないときに設定してみましょう。「None」は元の画面に戻ります。ミーティング画面では、「ビデオの停止」の右にある「＾」をクリックすると表示されるメニューから、「バーチャル背景」を選択してもこの設定画面を開くことができます。

05 ブレイクアウトルームの活用

授業ではグループ活動や班ごとの討論など、複数人で活動することもあります。このような場合、「ブレイクアウトルーム」を活用します。班分けは自動でも行えますが、ここではホストが指定する方法を見ていきましょう。

● ブレイクアウトルームを作成する

「ブレイクアウトルーム」アイコンをクリックします。109ページの手順で「ブレイクアウトルーム」を有効にしておくと、このアイコンが表示されます。

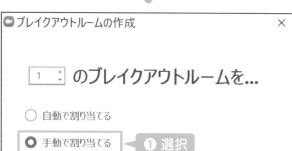

「ブレイクアウトルームの作成」画面で、「手動で割り当てる」を選択して、「作成」をクリックします。

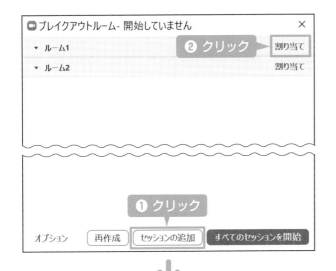

「セッションの追加」をクリックすると、「ルーム1」「ルーム2」……のように、ブレイクアウトルームを追加できます。メンバーを振り分けるには「割り当て」をクリックします。

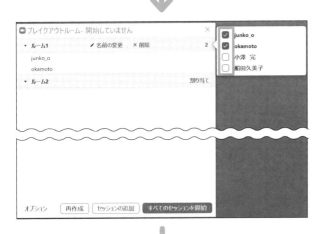

メンバーが表示されるので、チェックボックスにチェックを入れて、それぞれのルームに割り当てる参加者を選びます。

割り当てが完了したら、「オプション」をクリックします。

ブレイクアウトルームの時間や、カウントダウンタイマーの表示などを設定します。設定が完了したら、「すべてのセッションを開始」をクリックします。

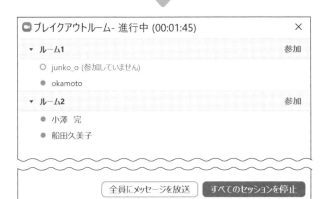

セッションがスタートします。参加者の状況を確認できます。

● ルームに参加する

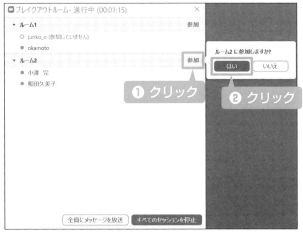

ホストはそれぞれのルームに参加できます。「参加」をクリックし、「はい」をクリックします。

ルームに参加すると、議論の参加や内容の確認ができます。ルームから出る場合は「ルームを退出する」をクリックします。

「ブレイクアウトルームを退出」をクリックします。

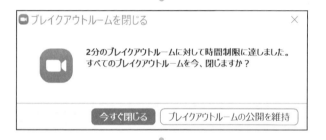

設定した制限時間が近づくとメッセージが表示されます。「ブレイクアウトルームの公開を維持」を選んで継続することもできます。

終了までのカウントダウンが表示されます。

おわりに

　新型コロナウイルス感染症の流行は、さまざまなところに影響を及ぼしています。2020年春には全国の学校で一斉休校が実施され、多くの子供たちが学びの機会を失いました。オンライン学習・授業を速やかに導入できた学校もありましたが、多くはプリントの配布など、アナログな対応をせざるを得ない状況でした。休校措置は順次解除されましたが、その後もオンライン学習・授業の環境を整えることができていない学校も多くあります。

　2021年に入っての緊急事態宣言では、一斉休校の実施こそありませんでしたが、学校関係者に新型コロナウイルス感染者が発生するなど、突然に休校を余儀なくされる学校も出ています。

　一斉休校の期間も、その後の各学校個別の休校措置においても、オンライン学習・授業を実施できなかった学校や地域は多くあります。今後に備えて、急ピッチで準備を進めている教育関係者も多くいることでしょう。本書では、教育現場で利用できるツールを紹介し、導入方法や活用方法のヒントを解説しています。必要な環境やツールの検討において、本書がお役に立てば幸いです。

　そして学校だけでなく、ビジネスにおいても、多くの企業で対面の打ち合わせや営業が敬遠され、県をまたぐ出張も見合わせています。また、感染防止のためのテレワークも推奨され、多くの企業が導入しています。オンライン会議の実施は急速に日常的なものになりました。この機会に、パソコン付属のカメラを初めて利用したという方も多いでしょう。ビジネスで利用するオンラインツールも、教育で使うツールとほぼ同じです。本書の内容は、ビジネスシーンでも活用していただけます。

　本書では、赤堀侃司先生によるオンライン学習・授業の基本的な考え方や仕組みの解説に続けて、実際の各アプリの操作解説を担当させていただきました。すべてのアプリの操作を解説するのは紙面的に難しいのですが、いくつかの場面を想定して書いていますので、まずはここに書かれている操作を試してみて、各ツールを利用するきっかけにしていただけると幸いです。

　最後になりましたが、本書の執筆、監修をしていただいた赤堀侃司先生、操作解説の検証をお手伝いいただいた（一社）ICT CONNECT 21の中村義和さんに御礼を申し上げます。

2021年2月吉日

池田利夫

著者紹介

赤堀侃司（あかほりかんじ）

東京工業大学大学院修了後、静岡県高等学校教諭、東京学芸大学講師・助教授、東京工業大学助教授・教授、白鴎大学教授・教育学部長を経て、現在、(一社) ICT CONNECT 21会長、(一社) 日本教育情報化振興会名誉会長、東京工業大学名誉教授、工学博士など。専門は、教育工学。最近の主な著書は、『プログラミング教育の考え方とすぐに使える教材集』(ジャムハウス、2018)、『AI時代を生きる子どもたちの資質・能力』(ジャムハウス、2019)、『オンライン学習・授業のデザインと実践』(ジャムハウス、2020)など。

執筆協力

池田利夫（いけだとしお）

株式会社ジャムハウスを1997年に設立。同社の代表取締役社長。IT、教育、児童書を主に刊行し、近年はプログラミング教育事業にも力を入れる。近著に『ゆび1本ではじめるScratch 3.0かんたんプログラミング [超入門編]』、続刊の [応用編]、『ひらがなでたいけん！ スクラッチ　はじめてのプログラミング』があり、『最新版　親子で学ぶインターネットの安全ルール　小学生・中学 生編』は、学校教科書でも紹介される。

● 万一、乱丁・落丁本などの不良がございましたら、お手数ですが株式会社ジャムハウスまでご返送ください。送料は弊社負担でお取り替えいたします。

● 本書の内容に関する感想、お問い合わせは、下記のメールアドレスあるいはFAX番号あてにお願いいたします。電話によるお問い合わせには、応じかねます。

メールアドレス◆ mail@jam-house.co.jp　FAX番号◆ 03-6277-0581

**GIGAスクール時代に対応！
オンライン学習・授業のための
基礎知識とアプリ操作ガイド**
2021年3月30日　初版第1刷発行

著・監修	赤堀侃司
執筆協力	池田利夫
編集協力	髙木敦子
発行人	池田利夫
発行所	株式会社ジャムハウス
	〒170-0004　東京都豊島区北大塚 2-3-12
	ライオンズマンション大塚角萬 302 号室
カバー・本文デザイン	船田久美子 (ジャムハウス)
DTP・印刷・製本	株式会社厚徳社

ISBN 978-4-906768-89-9
定価はカバーに明記してあります。
© 2021
Kanji Akahori, JamHouse
Printed in Japan